Campo libre 1

La vida social

LIBRO DEL ESTUDIANTE

Edición y notas de

Mike Thacker

ARIS & PHILLIPS LTD – WARMINSTER – ENGLAND

Students Book (Libro del estudiante) 1   **ISBN 0 85668 687 5**   C. No. 860.9
Workbook (Libro de práctica) 1   **ISBN 0 85668 689 1**   A. NO: 030361

British Library Cataloguing-in-Publication Data
A catalogue record for this book is available from the British Library

Printed and published in England by Aris & Phillips Ltd, Teddington House, Warminster, Wiltshire BA12 8PQ

Índice de materias

Introducción   v

Primera Parte – La salud   1

A   Y tú ¿qué comes, jovencito? *Enrique M. Coperías.*   2
B   ¿Cuál es el mejor desayuno? *Inmaculada Morales.*   2
C   Así se mantiene el cerebro despierto. *Ana Ruiz.*   4
D   Resistencia. *Ferdinand Tusker, Michael Pach y Karl Bos.*   5
E   Los curanderos de San Miguel del Común. *Dagmar Schweitzer.*   6
F   Duele al sol. *Juan Manuel Barberá.*   7
G   Mantente a raya. *Ana Jiménez.*   8
H   ¡Qué mal nos lavamos los dientes! *Eva Salabert.*   8
I   El gordo. *Gozton Beaskoetzea.*   10
J   Sin complejos. *Marisa Casado.*   11
K   Diez trucos para dormir. *Rafael Ruiz.*   12
L   Buenas dosis de calma. *Beatriz Peña.*   13
M   La vida común: el beber y el consumo de "tapas".*Amando de Miguel.*   15
N   Carnaval. *Manuel Vicent.*
O   La salud. *Vicente Verdú.*   16
P   Maternidad tardía. *Luis Rojas Marcos.*   17
Q   Miscelánea nicotínica. *F. Fernán-Gomez.*   18
R   Mercaderes de la muerte. *Luis Rojas Marcos.*   19
S   Oídos Sordos. *Elena Ochoa.*   21

Segunda parte – Los marginados   22

A   Retratos de gente marginada. *Fátima Uribarri, Enrique Chueca, Inmaculada de la Fuente.*   23
B   El dramático itinerario de Jari el Mustafá. *Marta Costa-Pau.*   26
C   ¿Qué va a ser de ti? *Juanjo Montanary.*   28
D   Dieciocho millones de niños explotados. *Maika Ortiz.*   29
E   España desigual. *Fátima Uribarri.*   31
F   Gitanos. *Angel Marín González.*   32
G   La droga calé. *Juan Fernández.*   34
H   Mendicópolis. *Pablo Ordaz.*   36
I   Limosna. *Manuel Vicent.*   37
J   Granada 96, licencia para pedir. *Alejandro V. García.*   38
K   Fuera hace frío. *Maruja Torres.*   40
L   Por lo menos Fabián sobrevivió. *Rosa Montero.*   41
M   Mendigos. *Jesús Fernández Santos.*   43
N   Manco Pistolas. *Pablo Ordaz.*   45
O   Lima: la capital del desamparo. *Maruja Torres.*   48

Tercera parte – La educación   49

A   Ir al parvulario   50
B   Empieza el cole
C   Iniciar la secundaria. *Montserrat Rossell.*
D   "¿A partir de qué edad es bueno usar el ordenador?" *Marta Rubio.*   51
E   ¿Qué es la ESO?

F	Menos alumnos por clase, asignaturas prácticas... Así es el nuevo bachillerato. *Marlene Schummer.*	52
G	Copiar en los exámenes.	53
H	Cómo aprobar los exámenes.	55
I	Aprovechar las horas de estudio.	56
J	Los chicos sin las chicas. *Carlos Santos.*	57
K	Es que son más listas. *Daniel Mermelstein.*	58
L	El problema de ser algo más que inteligente. *Carlos de Vega.*	60
M	El 50% de los alumnos de la UE, incapaces de hablar otro idioma. *Cruz Blanco.*	61
N	Estudiantes contra el gobierno. *Marisa Casado.*	62
O	"Una lucha en favor de la civilización". *Fernando Savater.*	64
P	Estudiantes: guía para el futuro universitario.	65
Q	La lotería de junio. *Inmaculada de la Fuente.*	66
R	El absentismo, única salida ante la masificación.	68
S	Algunas facultades aún no han previsto la terminación femenina en los títulos. *Alicia Mederos.*	70
T	Un colegio madrileño. *Camilo José Cela Conde.*	71
U	El poder de las palabras. *Luis Rojas Marcos*	

Cuarta parte — Vocabulario 73

Reconocimientos

Los editores desean agradecer a Pilar Muñoz, a su hija Marta Pérez Muñoz, a Hannah Thacker por su ayuda ... y a los siguientes tenedores de derechos por su permiso para incluir sus artículos:

Cambio 16,: La salud pp 8, 10,11; Los marginados: pp 23, 28, 31, 34; La educación pp. 56, 57, 58, 62.

Clara: La educación pp. 50, 51, 53.

Ediciones Temas de Hoy: *Cela mi padre*, de Camilo José Cela Conde, páginas 88-89: La educación p.71; *Colección Bolsitemas* "Los españoles": La salud p. 15.

El País Internacional: *El País:* La salud pp.15,16; Los marginados pp.23,26,36,37,38,40,43,45; La educación: pp. 60,61, 64,66,68,69.
El País Semanal, La salud pp.12, 17,18; Los marginados p.41; La educación p.65.

G y J España Ediciones: *Revista Mía*: La educación pp. 51,52.
Revista Muy especial: La salud pp. 2,4,5,13.
Revista Muy interesante: La educación p. 54.

Noticias Latin America (periódico mensual de opinion y analisis editado en Londres)
St Martin's House, 59 St Martin's Lane, London WC2N 4JS. tel/fax + 44 171 928 9858)
La salud p. 6; Los marginados p.29.

Quo: La salud pp. 2, 7,8.

Autores individuales
Elena Ochoa: La salud p.21.
Luis Rojas Marcos: La salud p.17, 19.
Rosa Montero: Los marginados: p. 41.
Dagmar Schweitzer: La salud: p. 6.
Maruja Torres: *Amor America (El País / Aguilar)* pp 136,137, 138. Los marginados pp. 40, 48.

Fotos y dibujos: ACE: La educación p. 51.
Pere Durán: Los marginados p.26.
Julio Etchart / Reportage: Los marginados p.30.
Gorka Lejarcegi: Los marginados p.47.
Alvaro Pueyo: La salud p. 10.
Luis Rubio: Los marginados pp.31,32,34.
Carmen Trejo: La educación p.60.
Fiona Stafford practicando el yoga. Foto de David Wiltshire: La salud p. 14.
Vanessa Vaughan: La salud, p.9.
John Walmsley: la educación, p. 51.

La vida social

Introducción

Campo libre es una nueva serie de libros que trata una gran variedad de temas relacionados con la vida hispánica contemporánea, sea española o latinoamericana. Los objetivos de la serie son:

* estimular a los estudiantes de español a profundizar sus **conocimientos de los temas hispánicos más destacados** hoy en día. Cada sección comienza con una breve introducción, seguida de una gama de subtemas asociados con el tema general. Se incluyen notas, donde se considera conveniente, para aclarar aspectos lingüísticos y culturales.

* mejorar **las destrezas de lectura y escritura**. Cada estudiante debe desarrollar estrategias para leer textos buscando las palabras clave, la estructura del artículo y las ideas implícitas en el texto. El Libro del Estudiante va acompañado de un Libro de Práctica que contiene una variedad de ejercicios para la práctica de la lengua escrita. En cuanto a **la lengua hablada**, cada profesor es libre de escoger la manera de desarrollar los temas en clase. Los textos (sobre todo los del final de cada sección) ofrecen muchas posibilidades para la discusión y el debate. A veces se unen dos textos que mantienen distintos puntos de vista sobre el mismo tema, para provocar debates.

* **preparar a los estudiantes para los exámenes** del final del curso. Los exámenes públicos están

basados cada vez más en textos contemporáneos que suponen conocimientos de la sociedad hispánica. Además, esta nueva serie ayudará a los muchos estudiantes que optan por preparar un trabajo escrito más extenso, dándoles ideas y datos para desarrollarlo a su manera.

* brindar la ocasión para que los estudiantes **gradúen la lectura** con textos breves y terminando con relatos más largos y complejos.

* introducir **artículos bien escritos** al estudiante, muchos de ellos por escritores conocidos en el mundo literario y periodístico, tales como Rosa Montero, Manuel Vicent y Maruja Torres. Estos artículos, sacados en su mayor parte de la prensa española, aparecen al final de cada sección. Los autores utilizan un estilo más complejo, un vocabulario más amplio y unas referencias culturales más ricas que los anteriores.

El primer volumen de *Campo libre* – La vida social – está compuesto de una selección muy variada de textos sobre tres temas: *La salud, los marginados y la educación.* Son textos con varios grados de dificultad. Cada tema tiene tres etapas: comienza con algunos textos bastante breves, sin gran complejidad; continúa con textos más largos e informativos y termina con artículos de más riqueza lingüística y cultural.

Mike Thacker

European Language Teaching Centre, University of Surrey,
Primavera, 1998

Primera parte: La salud

El tema de la salud nos concierne a todos, desde la infancia a la vejez. La prensa cotidiana es una fuente rica en artículos, consejos, historias y debates sobre este aspecto fundamental de la vida. Cabe destacar cuatro aspectos del tema:

la dieta
los peligros para la salud
la salud física y mental
la nueva tecnología aplicada a la salud

Los textos que tratan el primer aspecto establecen el vínculo entre una buena dieta y la buena salud (Textos A y B). Los artículos de la segunda categoría señalan las amenazas a la salud que pueden traer ciertas costumbres arraigadas, tales como fumar (Textos Q y R) y tomar el sol demasiado (Texto F). En tercer lugar los textos explican cómo el ejercicio, sea físico o mental, puede ayudarle a uno a desarrollar su resistencia: ya lo dice el refrán, "es más fácil prevenir que curar". Finalmente dos artículos enfocan las consecuencias del empleo de la tecnología: el caso del chico desafortunado que necesitaba un transplante (Texto N) y el escándalo provocado por la fecundación de las madres de edad avanzada (Texto P).

Y tú ¿qué comes, jovencito?

Enrique M. Coperías

Las legumbres distan de ser el plato preferido de los adolescentes españoles que, por el contrario, se atiborran a dulces y refrescos azucarados. Éstas son algunas de las conclusiones que se desprenden de un estudio realizado por expertos del Departamento de Medicina Preventiva y Salud Pública de la Facultad de Medicina de la UAM.[1] El trabajo, que fue realizado en jóvenes madrileños de entre siete y 17 años de edad, también revela cuál es el menú aproximado de los adolescentes actuales:

Desayuno: Casi todos los jóvenes inician el día con un vaso de leche, sola o con cacao, acompañado de galletas o también pan.

Media mañana: La mitad toman bollos, galletas y, una minoría, bocadillos. El resto no ingiere nada.

Comida: De primer plato, pasta o legumbres; de segundo, carne o nada; y de postre, fruta.

Merienda: Bollos y bocadillo de embutidos.

Cena: De primero, uno de cada cinco, nada; los demás, sopa, verdura y bocadillo. De segundo, uno de cada tres, nada; el resto, huevos, pescado o carne. De postre, fruta (uno de cada cuatro).

1. *UAM*: Universidad Autónoma de Madrid.

© *Revista Muy especial.*

¿Cuál es el mejor desayuno?

Levántate y come

Inmaculada Morales

La mayoría de los españoles desayunamos en apenas dos minutos; lo que se tarda en tomar un café con leche y un bollo. Pero incluso otros países, más dados a comenzar la jornada con comidas abundantes, han abandonado su desayuno tradicional —con huevos, cereales y embutidos— en beneficio de alternativas más rápidas y ligeras, pero menos satisfactorias desde el punto de vista nutritivo.

Entre la cena y el desayuno pasan, por término medio, nueve horas de ayuno. Sin embargo, el ser humano necesita un aporte constante de energía para sobrevivir. Algunos órganos son particularmente delicados en sus necesidades nutritivas, entre ellos el cerebro, que requiere un aporte continuado de glucosa —aproximadamente 140 gramos por día—, lo cual resulta difícil cuando una persona pasa muchas horas sin comer. Quienes hacia las 11 de la mañana sienten un abatimiento, deben echar la culpa al descenso del azúcar sanguíneo. Es lógico: si una persona termina su cena a las 21.30 horas y no vuelve a probar bocado hasta las tres de la tarde del día siguiente, obliga al organismo a un ayuno de 18 horas, lo que, unido a un ejercicio físico e intelectual importante, puede afectar las funciones cerebrales.

Más enfadados sin desayuno

Equilibrar las comidas que realizamos al día es muy conveniente. Hace ya 30 años, el doctor Cohn, de la Universidad de Chicago, realizó una experiencia muy sencilla para probarlo: midió el consumo alimenticio diario de un ratón de laboratorio y luego le administró de una sola vez, cada día, esa cantidad de alimento mediante una sonda gástrica. Los ratones que recibían la misma cantidad de alimento, pero en una sola toma diaria, se transformaron en animales obesos, de casi un kilo.

Prescindir del desayuno es una mala costumbre; además, diversos estudios de dietética demuestran que, a media mañana, aquellos que no han desayunado son menos eficientes en el trabajo, más irritables y están más expuestos a accidentes que los que sí lo han hecho. Hay pruebas de que la supresión del desayuno tiene efectos nocivos: un estudio publicado en 1962 concluía que los niños que iban a la escuela sin desayunar mostraban una disminución de su capacidad física máxima, su fuerza muscular y su habilidad para la concentración y el aprendizaje.

Otro estudio realizado en Inglaterra sobre trabajadores de una fundición demostró que el número de accidentes era mayor entre los obreros que iban a la fábrica sin desayunar o con un desayuno ligero. Un tercer estudio sobre los factores cognitivos del niño durante periodos de ayuno demostró que, en efecto, hay una disminución de atención en los niños cuando no habían desayunado o cuando el valor calórico de sus desayunos era bajo, aunque nunca hubo pérdidas de memoria. No basta con desayunar: hay que desayunar correctamente. Según Francisco Grande Covián, un buen desayuno debe incluir muy variados alimentos y contener entre un cuarto y un tercio de las calorías, proteínas, minerales y vitaminas que necesitamos diariamente.

La gente que no desayuna se muestra menos eficiente y más irritable en su trabajo

Ya no hay huevos

Sin embargo, por alguna razón de tipo sociológico, el valor calórico del desayuno se ha degradado considerablemente. Incluso en los países anglosajones, en los que el *breakfast* ha sido siempre algo mucho más serio que nuestro desayuno está decayendo la costumbre de alimentarse adecuadamente por la mañana.

El desayuno británico con leche, zumo, té o café, huevos con bacon y tostadas con mantequilla, mermelada *y porridge* –avena cocida con leche—, entre otros alimentos, resulta caro y exige preparación. La gente se levanta con prisa, la madre trabaja igual que el padre, y ninguno de los dos tiene tiempo de preparar nada apetitoso. Como consecuencia, han adoptado también la costumbre del café y el bollo.

© *Quo.*

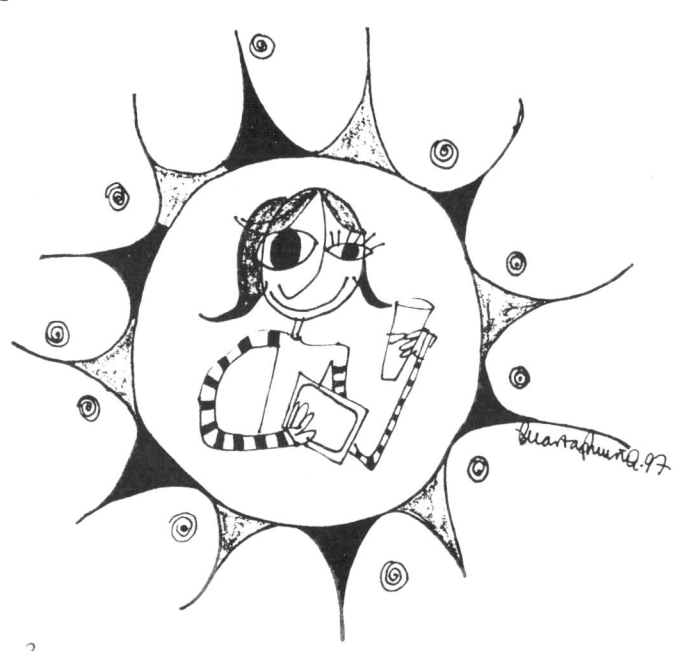

Así se mantiene el cerebro despierto
Ana Ruiz

Ejercicios para la memoria

La retentiva se adiestra alimentándola con pequeños trabajos, empezando por algunos tan sencillos como recordar la lista de la compra o tratar de retener la mayor cantidad posible de números telefónicos. Pero si quiere ejercitarla todavía mucho más, siga estas tres técnicas:

El juego de Kim

Recordando la novela de Kipling, coloque cinco objetos (más adelante, ocho, diez o doce) encima de una mesa —por ejemplo, un reloj, una carpeta, una camisa, una bombilla y un destornillador—, mírelos 30 segundos y tápelos con un paño. ¿Cuántos puede recordar?

Deletrear al revés

Esperando el autobús o durante cualquier momento de ocio, escoja mentalmente una o varias palabras y deletréelas desde atrás hacia delante. Por ejemplo, e-t-n-a-s-e-r-e-t-n-i.

Cálculo mental

Anote en un papel una hilera de números, al principio de una cifra, y súmela sin utilizar el lápiz. Por ejemplo: 5+3+2+9+6+7+4=
Siga luego con operaciones más complejas como restas, multiplicaciones y divisiones.

Desde niño, nuestra mente puede adiestrarse para ampliar memoria y agilidad.

Ejercicios para la agilidad mental

Mucha gente ejercita su cerebro sin saberlo jugando al ajedrez o haciendo crucigramas. Pero, para agilizarlo, lo mejor es obligarle a hacer varias cosas a la vez. También se puede entrenar la mente en temas desconocidos o actividades poco frecuentes, como jugar al scrabble *en vez de a las cartas.*

Coordinar manos y pies

Para realizar este ejercicio, trate de describir con un pie un círculo y, al mismo tiempo, dar palmas (o escribir, dibujar...).

Bifurcar la mente

Napoleón sabía escribir una carta y dictar otra a la vez. Usted podría empezar con seguir un discurso en la radio mientras dialoga con alguien. O hacer una suma cantando, etc.

Funciones múltiples

Si posee talento musical debería de aprender algún instrumento en el que participen al unísono varias partes del cuerpo, como el piano o el acordeón. El colmo de las funciones múltiples musicales sería el *hombre orquesta*. Para entrenarse en este tipo de ejercicios hay en el mercado gran cantidad de videojuegos con los que se pueden reproducir varias actividades a la vez.

© Revista Muy Especial.

Resistencia

El test de Cooper

Ferdinand Tusker, Michael Pach y Karl Bos

escrito al respecto, formaríamos una larguísima fila de textos. Básicamente, existen dos tipos de resistencia, que se diferencian entre sí según la preparación energética: la aeróbica y la anaeróbica. En el caso de la resistencia aeróbica, la energía se genera gracias al oxígeno que proporciona la respiración.

cubrir las necesidades energéticas del organismo. La obtención de energía tiene entonces que pasar a ser anaeróbica y el cuerpo empieza a recurrir a sus reservas energéticas, que están en los músculos en forma de azúcar. Cuando éstas se agotan —a los 20 o 30 segundos de ejercicio muy intenso— hay que interrumpir el movimiento. Este test mide la resistencia de carácter aeróbico.

No existe ningún aspecto en el ámbito de la medicina deportiva que haya sido estudiado tan en profundidad como el de la resistencia. Si colocásemos todo lo que se ha

Conforme se intensifica el movimiento —lo que sucede cuando andamos, corremos, nadamos o pedaleamos más deprisa—, el oxígeno de los pulmones no basta ya para

Muy popular, este método fue desarrollado por el doctor americano Kenneth H. Cooper, médico deportivo y entrenador de astronautas. En los libros se le denomina *Test de Cooper o Test de la Carrera de 12 Minutos.*

Lo ideal es realizarlo en cualquiera de las pistas de 400 metros de longitud que hay en algunos estadios y polideportivos. También se puede practicar en una calle o un camino poco transitados que tengan al menos 100 metros de longitud, distancia que puede medirse con el cuenta-kilómetros de la bicicleta. El test consiste en recorrer el mayor trecho posible en ese espacio de 12 minutos. La forma correcta es corriendo. Si usted sólo lo hace en raras ocasiones, por ejemplo, cuando no quiere perder el tren o el autobús, vaya a un paso más lento. Si puede mantener bien el ritmo de la carrera, acelere un poco el *tempo.* Si va demasiado rápido y no es capaz de seguir corriendo, prosiga un rato caminando.

¿Cuánto tramo ha conseguido recorrer durante esos 12 minutos? La tabla le revelará en qué grupo tiene usted que clasificarse como deportista amateur.

Programa de Ejercicios Para 16 Semanas

Semana	
1	Recorrer a pie 1,6 kilómetros en 15 minutos (5 días a la semana).
2	Recorrer a pie 1,6 kilómetros en 14 minutos (5 días).
3	Jugar 5 días 15 minutos al baloncesto, al fútbol o al balonmano, contando únicamente el tiempo que está en movimiento.
4	Correr, sin moverse del sitio, 5 minutos seguidos durante 5 días, dando entre 70 y 80 pasos por minuto.
5	Correr 1,6 kilómetros en 11 minutos y 45 segundos (5 días).
6 y 7	Nadar 300 metros en 8 minutos y 30 segundos (5 días).
8 y 9	Nadar 400 metros en 8 minutos y 30 segundos (5 días).
De 10	Recorrer en bicicleta 6,5 kilómetros en 14 minutos (3 días).
a la 12	Recorrer en bicicleta 8 kilómetros en 18 minutos (2 días).
13	Correr 1,6 kilómetros en 8 minutos y 30 segundos (3 días).
	Correr 2,4 kilómetros en 14 minutos (2 días).
14	Jugar 30 minutos al baloncesto, al balonmano o al fútbol (2 días).
	Jugar 45 minutos al baloncesto, al balonmano o al fútbol (3 días).
15	Recorrer 9,6 kilómetros en bicicleta en 21 minutos (5 días).
16	Correr 2,4 kilómetros en 11 minutos y 55 segundos (2 días).
	Correr 3,2 kilómetros en 17 minutos (2 días).

Como se ve en la tabla, si ha recorrido más de 2,4 kilómetros reciba nuestras felicitaciones, ya que sólo un 20 por 100 de los ciudadanos de los países industrializados está en situación de hacerlo. Pero no llegar a los 1,6 kilómetros es un síntoma de que se pasa el día sentado ante el televisor, o es un lector o un fumador empedernido. Debería tomar conciencia de que tiene que plantearse hacer ejercicio.

RECORRIDO EN KM	
muy bien	+ 2,8
bien	2,4–2,8
regular	2–2,4
flojo	1,6–2
muy flojo	–1,6

Mejora de la resistencia aeróbica

Si lleva a cabo este programa de ejercicios, después de unos cuatro meses de práctica continuada podrá situarse en el grupo de cabeza. Antes de iniciar el entrenamiento le conviene visitar al médico, para garantizar que su sistema cardio-vascular funciona correctamente y puede llevar a cabo sin riesgos este programa de resistencia.

© *Revista Muy especial.*

La salud E

Los curanderos de San Miguel del Común
Dagmar Schweitzer

En América Latina, las llamadas prácticas médicas tradicionales indígenas sobrevivieron a la persecución y violencia por parte de las autoridades eclesiásticas y gubernamentales, desde las remotas épocas coloniales hasta hoy en día.

A pocos kilómetros de Quito, en la comuna de San Miguel del Común, estas prácticas representan una verdadera alternativa para todos los sectores de la población que buscan solución a sus problemas de salud, que en muchos casos no lo encontraron en los consultorios de los médicos o las clínicas particulares.

En San Miguel del Común, unos veinte curanderos o yachac —en lengua quichua[1]— se dedican al ejercicio de prácticas médicas tradicionales.

Basan sus tratamientos, por una parte, en los conocimientos antiguos transmitidos de generación en generación, y, por otra parte, en nuevos instrumentos provenientes de la medicina moderna, como son inyecciones y remedios químicos que reemplazan poco a poco a sus recetas caseras.

Lo más importante en cada curación tradicional es el reconocimiento de la causa de la enfermedad. Entre ellas se distinguen causas naturales, alteraciones del equilibrio frío/caliente, causas humanas y causas sobrenaturales.

En suma, estas causas corresponden a las relaciones que mantiene el hombre con su alrededor, física y metafísico, según su cosmovisión. En las grandes ciudades, el hombre ya no depende tanto de los fenómenos naturales, sino más bien de sus relaciones humanas, lo que explica que gran cantidad de enfermedades están condicionadas por estas relaciones en forma de envidia o, más fuerte, de brujería.

Según los testimonios de los curanderos, existen condiciones necesarias para su formación. Por lo general, sus conocimientos han sido transmitidos por un pariente cercano curandero y a través de un aprendizaje en zonas de mayor poder espiritual, es decir en este caso, la selva oriental y occidental de Ecuador.

---

1. *quichua*: la lengua de una tribu de indios andinos. La lengua quichua (o quechua) fue establecida históricamente por los incas y hoy en día se habla en Perú y otros países, entre ellos Ecuador, Bolivia y Colombia.

© *Noticias Latin America.*

Duele al Sol

Juan Manuel Barberá

El sol es bueno contra la depresión, favorece la producción de vitamina D y evita infecciones. Pero, tomado en exceso puede provocar cáncer de piel, del que cada año se diagnostican 200.000 nuevos casos. Utilizar un bronceador con protección o comer zanahorias y fresas te ayudarán a evitar sus efectos perniciosos.

En España, el peor momento para tomar el sol es el que va desde las 14.00 a las 16.00 horas

El cáncer de piel es cinco veces más frecuente ahora que hace una década —anualmente se diagnostican 200.000 nuevos casos en el mundo, según un estudio realizado por las sociedades españolas de Oncología, Dermatología e Inmunología—. Los expertos utilizan estas estadísticas para advertir del riesgo que suponen los rayos ultravioleta (UV-A, B y C) para la piel. Pero el sol, tomado con precaución, efectúa una labor de limpieza cutánea, estimula la producción de vitamina D —fundamental para el crecimiento—, tiene poder anti infeccioso y es bueno contra la depresión.

Para aprovechar sus virtudes sin sufrir sus perjuicios, debemos recordar que:

* En los lugares de montaña, la altitud hace que los rayos estén menos filtrados y lleguen a la piel con mayor potencia.
* En la playa, el agua y la arena ejercen un efecto rebote o de espejo, que también amplifica la luz solar.
* Tomar el sol cerca del Ecuador implica más riesgo, porque los rayos solares inciden de forma más perpendicular al suelo.
* No todos tenemos la misma cantidad de melanina —sustancia que da la coloración y que protege la piel— y, por tanto, nuestra protección natural ante el sol es diferente.
* No por tomar mucho el sol acostumbramos más a nuestra piel. "Los rayos de sol son acumulativos", explica la doctora Barbara Gilchrest, dermatóloga de la Universidad de Boston (Estados Unidos). Esto hace que vayan debilitando nuestro sistema defensivo, de modo que el exceso de radiación que proporcionamos al cuerpo puede pasarnos factura años más tarde, cuando una lesión en la piel llegue incluso a degenerar en melanoma. "No hay que olvidar que ponerse moreno es un acto de defensa de la epidermis frente a la agresión de los rayos ultravioleta", añade la doctora.
* Existe una fuerte evidencia de que la exposición a fuentes artificiales de radiación ultravioleta B —y probablemente A–, tiene también efectos similares. De hecho, los expertos advierten que es necesario dejar descansar la epidermis durante el período invernal, y que la moda de tomar rayos UVA artificiales a través de máquinas resulta desaconsejable, salvo en el caso de que la persona sufra alguna enfermedad de la piel como psoriasis o ciertas micosis —infecciones por hongos—.

© Quo.

Mantente a raya
Ana Jiménez

Cómo afectan las drogas a tu salud... y a la sociedad

El consumo de heroína provoca impotencia, la cocaína produce trastornos cardiovasculares y el éxtasis puede originar paranoia... Además, las drogas son la principal causa de delincuencia y absentismo laboral. Aunque un 15% de los españoles pide que se legalice su consumo, las experiencias de algunos países en este sentido despiertan aún numerosas dudas.

¿Legalizar el consumo?

A FAVOR

* Si se considerara legal el consumo de drogas, éstas perderían buena parte de su atractivo como elemento diferenciador entre determinados grupos de jóvenes.

* Además, desaparecerían algunos efectos de la criminalización —criminalidad organizada, corrupción, adulteración— y la pequeña delincuencia asociada al consumo.

* El poder económico de los traficantes sufriría así un serio revés, y con él su capacidad de influencia sociopolítica.

* Sería posible controlar la calidad de las sustancias, eliminando los riesgos que van asociados a su adulteración.

* El trabajo preventivo y asistencial podría asentarse en tareas de mayor racionalidad.

EN CONTRA

* El consumo de drogas se dispararía, como ocurre actualmente con el de alcohol y tabaco.

* El tráfico ilícito no tendría por qué desaparecer, como no ha desaparecido, por ejemplo, el contrabando de tabaco.

* No sería posible cambiar la tendencia penalizadora sin la existencia de un consenso internacional. Si un país decidiera intentarlo por su cuenta, terminaría convirtiéndose en la meca de los drogodependientes.

* La penalización es la única manera de luchar contra el tráfico organizado.

* El modelo represivo que existe actualmente permite transmitir a la sociedad un mensaje pedagógico sobre un determinado modelo de protección de la salud.

© Quo.

¡Qué mal nos lavamos los dientes!
Eva Salabert

La caries, una enfermedad que carcome los dientes y que en los países más desarrollados afecta al 80 por ciento de la población infantil, acecha a todos los españoles. Según una encuesta realizada por el Consejo de Odontólogos y Estomatólogos de España, el 2 por ciento de la población reconoce que nunca se ha cepillado los dientes. El resto, lo hace incorrectamente.

Cada español compra un cepillo cada diez años y un tubo dentrífico cada cuatro.

«La salud entra y sale por la boca», afirma el doctor Font Buxé, secretario del Consejo General de Colegios de Odontólogos y Estomatólogos de España. Y añade que aunque «en los últimos diez años se ha duplicado el número de odontólogos en nuestro país», los españoles siguen siendo reacios a visitar al dentista y, lo que es más grave, la mayoría no realiza adecuadamente la higiene buco-dental «porque nadie les ha enseñado cómo hacerlo».

Según las cifras anuales de venta facilitadas por los fabricantes, cada español compra un cepillo cada diez años y un tubo de dentífrico cada cuatro años. Si se tiene en cuenta que los odontólogos recomiendan cambiar el cepillo de dientes cada tres o cuatro semanas y cepillarse después de cada comida (es decir, al menos tres veces al día), los números hablan por sí solos.

«Desde el consejo estamos lanzando una campaña para tratar de concienciar a la población de la importancia de la salud dental, y para ello proponemos, sobre todo, la prevención», explica Font Buxé. Y añade que «la medicina preventiva es la más barata y efectiva. En este caso —continúa— bastaría con cepillarse correctamente tras las comidas e ir al dentista una vez al año».

Los odontólogos recomiendan iniciar la limpieza con el cepillo (que deberá tener filamentos suaves y encontrarse en buen estado) en seco, para evitar que la

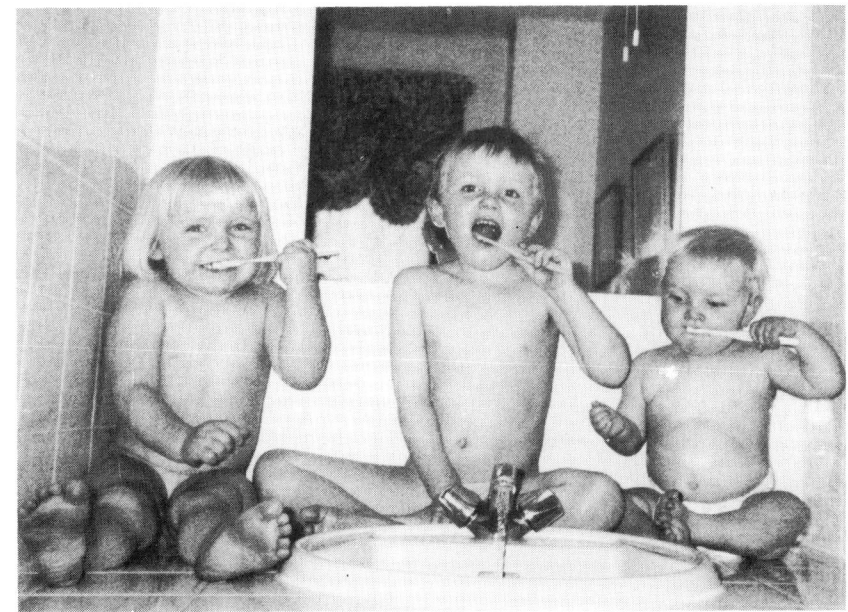

Estos niños, hijos de dentistas, se cepillan los dientes todos los días, pero el 10 por ciento de los niños españoles nunca se cepilla los dientes. Foto Vanessa Vaughan.

pasta dental produzca una falsa sensación de limpieza. La mejor forma de limpiar las superficies verticales de los dientes es colocar el cepillo en ángulo de 45 grados apoyado en la unión de diente y encia, moviéndolo con suavidad mediante pequeños movimientos circulares y aplicando una ligera presión para que sus filamentos penetren entre diente y diente y entre diente y encía. El uso de la seda dental tras el cepillado es un método efectivo para eliminar restos de comida así como la placa bacteriana.

Es conveniente moderar el consumo de dulces, ya que los microbios de la boca descomponen el azúcar y lo transforman en ácidos causantes de la caries. Sin embargo, este proceso comienza 15 minutos después de ingerir los alimentos, por lo que una limpieza a tiempo evitaría el daño. En el caso de los niños, los mayores consumidores de dulces, el consejo recomienda que acudan al dentista a más

tardar a los 4 años, aunque no tengan todavía ningún problema, para que se acostumbren al médico y pierdan el miedo. Sin embargo, según la encuesta, el 55 por ciento de los menores de 6 años nunca ha ido al dentista y el 10 por ciento de los niños españoles nunca se cepilla los dientes. Lo más curioso es que, a pesar de estos datos, el 50 por ciento de los padres cree que sus hijos no tienen ningún problema dental.

El coste económico que supone acudir al dentista puede resultar un freno para las personas con menos ingresos. De hecho, y según este informe, las personas con mayor nivel social empiezan a visitar con más frecuencia al odontólogo: el 35 por ciento de la clase alta va cada seis meses frente a un 15 por ciento que lleva más de dos años sin ir. Mientras que solamente el 20 por ciento de la clase media-baja suele ir cada seis meses y el 50 por ciento lleva más de dos años sin acudir.

© Cambio 16.

El gordo

Gozton Beaskoetxea

Unos por exceso...　　Ilus. Alvaro Pueyo.

No sé si estando gordo se vive plenamente feliz, pero más alegre, seguro. Las compensaciones que da la mesa y la buena comida son más satisfactorias que los malos ratos. Claro que gastamos dinero en comer, pero otros lo gastan cuidándose y sufriendo en el gimnasio para no engordar. Un año de gimnasio equivale a muchas comilonas para el bolsillo.

Esta sociedad nos quiere enlatar. Quiere que seamos todos rubios, guapos, altos y con ojos azules. Pero no todos somos Robert Redford. Por eso es bueno que existan iniciativas como el Club de Gordos del País Vasco, del que soy presidente, a mis 33 años y con mis 160 kilos y mis 180 centímetros.

Los 20 miembros del club reivindicamos el derecho a ser gordos ante la agresión que sufrimos. Nuestros argumentos son de peso: los gordos son más felices porque saben disfrutar de la vida y sobre todo de la buena mesa.

Hace un par de años me puse a régimen y adelgacé cerca de 45 kilos. Pero enseguida los recuperé, como todos los que hacen régimen, al comprobar que la dieta me ponía de mal humor y me veía incapaz de seguirla. No entiendo cómo hay gente que cuando llega el verano se preocupa de la talla de su pantalón o de su traje de baño, poniendo en peligro su salud. El que come al mediodía dos canapés con agua mineral y por la noche un yogur *light* acompañado de una tortilla francesa, no puede ser alegre. Generalmente son todos unos amargados y tristes que al final y por no cuidarse tienen úlceras de estómago.

Yo no tengo ni colesterol ni ácido úrico. También es verdad que hace tiempo que no he ido al médico. Sólo tengo varices y problemas de circulación que me impiden jugar al squash: ¡pero algo hay que tener!

Hoy casi todo el mundo hace deporte. No comprendo la obsesión que hay por el *footing* y la sauna. Será cuestión de modas.

Yo creo que el único deporte compatible con el ser humano es caminar. Bastante nos hace correr la vida para que cuando nos toca descansar nos pongamos el chándal y empecemos a correr por las carreteras, que además son peligrosas. Conozco a gente que deja de comer para correr o jugar al golf. Eso sí que no lo entiendo. Yo, al minimo movimiento, tengo hambre...

Reconozco que ser gordo es un problema a la hora de establecer relaciones con las mujeres. No es fácil ligar con tanto kilo. Pero la culpa no es nuestra. Es de las chicas que prefieren a los delgados para presumir después delante de sus amigas. De nuevo nos persigue el modelo Robert Redford. Pero nadie es perfecto. Ni siquiera él.

Yo como normalmente en las comidas, generalmente no lo hago fuera de horas. La peor pregunta que pueden hacerme es cuál es mi plato preferido. Hay tantos que me gustan... Me quedo con el bacalao, aunque sea crudo. Me gusta todo: la verdura, la carne, el pescado... pero reconozco que mi debilidad y mi especialidad son los postres.

© *Cambio 16.*

Sin complejos

Marisa Casado

Lo Grande es Bello

El espejo se ha convertido en el enemigo número uno de hombres y mujeres obsesionados por conseguir el cuerpo perfecto. Los cánones de belleza son cada año más estrictos, sobre todo para la mujer. La moda de la extrema delgadez ha calado hondo en la sociedad y son muchas las señoras que intentan desesperada-mente adelgazar para meter su cuerpo en una talla 38.

Día tras día, los anuncios publicitarios bombardean sin piedad, mostrando cuerpos perfectos que seducen y triunfan en todos los aspectos de la vida. «Desde ellos se intenta manipular a las personas, que terminan por acomplejarse y despreciar su cuerpo al compararse con los cánones de belleza imperantes», afirma el psicólogo y pedagogo Bernabé Tierno.

El mito de belleza actual es una mujer extrema-damente delgada, pálida, con apariencia casi enfermiza y con unas medidas por debajo de las 90–60–90. Atrás quedaron aquellas mujeres de anchas caderas y curvas bien pronunciadas como Marilyn Monroe, Diana Dors o Sofia Loren. En los años 50 eran las reinas de la belleza. Ahora probablemente serían consideradas como gordas.

Cuenta la historiadora Almudena Albi en su libro que «la gran preocupación por el peso ha creado en las mujeres una baja autoestima, una pérdida del control sobre su vida e incluso vergüenza sexual». La obsesión por conseguir ese cuerpo ideal convierte a la mujer en una esclava de la moda y de la comida, poniendo muchas veces en peligro su salud física y psíquica.

Hay mujeres que adelgazan por obsesión y otras que lo hacen para cuidar su salud y por satisfacción personal. En cualquier caso, hay que tener cuidado a la hora de enfrentarse a un régimen, ya que una dieta demasiado estricta o mal planteada puede provocar, entre otras cosas, cambios radicales de humor, inseguridad, frustración, celos y depresiones fuertes.

Olga tiene 32 años, estudia oposiciones[1] para Justicia y en dos años engordó 20 kilos. «El peso me afectaba mucho a la hora de salir —dice—. Daba igual la ropa que me pusiera porque siempre me veía gorda. No quería que la gente se fijara en mí y llegué a deprimirme mucho». A Elvira le ocurre algo parecido. Tiene 34 años y pesa 105 kilos. Ahora tiene menos complejos, pero llegó a pasarlo bastante mal: «Me veía fea y me sentía

En su libro «Tu cuerpo es tuyo», Almudena Albi da algunas claves para estar a gusto con uno mismo:

* Busca tus virtudes y sácalas a la luz.
* Empieza el día con una sonrisa. Cada día es único e irrepetible.
* No dependas de la aprobación y las opiniones de los demás.
* No intentes ser lo que no eres, ni física ni anímicamente.
* Desarrolla tu sentido del humor.
* Haz lo que quieras hacer, todo lo que te llene de satisfacción.
* Dedícale tiempo a tus aficiones.
* No hagas caso del espejo cuando tengas un día malo.
* Saca partido a aquellas cosas que te disgustan de tu físico. No hay nada feo si lo dotas de gracia, buen gusto o un toque de personalidad.
* Pide a tus amistades que te digan lo que les gusta de ti... y créeles.
* Piensa que si a alguien no le agradas, es su problema. No tienes por qué cambiar.

---

1 *hacer oposiciones*: presentarse a un concurso público en España, para obtener un empleo del Estado. El Estado convoca un número determinado de plazas para las que se presenta todo aquel que se considere apto para el puesto.

discriminada. Era como sitodo el mundo me mirara más de lo normal».

Cuidado con las dietas «milagro»

Olga ha probado muchas dietas sin ningún resultado. Una vez intentó adelgazar por su cuenta, «pero fue un desastre porque hacía barbaridades que luego no me servían de nada. Comía poco y mal y no adelgazaba», asegura.

Uno de los problemas de las dietas es que implican muchas veces un cambio en el ritmo de vida. Para una persona que come fuera de casa y está siempre en la oficina, no es fácil ponerse a régimen. Según el doctor José Luis Cidón, experto en dietética y nutrición, «lo que se debe hacer es adaptar la dieta a cada paciente, para que pueda seguir llevando su vida normal».

Por su parte, Bernabé Tierno asegura que en todo régimen haría falta también un tratamiento psicológico para ayudar a la persona a tranquilizarse y a vivir mejor. Lo mismo opina el doctor Cidón: «No sólo se debe dar al paciente un régimen y unas cápsulas. Hay que ahondar en la causa que le ha llevado a engordar o a obsesionarse». Comenta este médico que mucha gente engorda porque encuentra en la comida la solución a sus problemas. «Lo que hay que hacer es suplir esa ansiedad con otras cosas», explica.

Para realizar una dieta, no hay que tener prisa. Esos remedios improvisados y «milagrosos», que prometen maravillas en muy poco tiempo, suelen traer consigo una recuperación casi inmediata de los kilos perdidos. A veces, incluso graves problemas para la salud.

© Cambio 16.

La salud K

Diez trucos para dormir
Rafael Ruiz

..a dormir la siesta....

Los especialistas lo llaman «higiene del sueño». Son recomendaciones para quienes tienen pequeños problemas entre sábanas y para tratar de evitar que las cosas pasen a mayores.

1. Acondicionar la habitación de una forma agradable, de modo que esté bien ventilada, no lleguen ruidos ni excesiva luz, la temperatura esté en torno a los 18 grados y la decoración del recinto resulte relajante.

2. El colchón ha de ser cómodo. Según los gustos personales, que no resulte ni duro ni blando. Eso sí, los excesivamente blandos nunca son recomendables.

3. La cama ha de asociarse con dormir —y con la actividad sexual, pero eso ya es otro asunto—. Es una táctica conductista encaminada a que el organismo responda a unos estímulos: asocie el objeto con una actividad concreta. Por eso es contraproducente comer en la cama, leer en la cama, ver la tele desde la cama, discutir con la pareja o hacer proyectos en la cama.

4. Por eso mismo de ligar cama con sueño,[1] si tarda más de veinte minutos en encontrar el sueño o se despierta y pasa un tiempo sin volver a pegar ojo, los especialistas recomiendan que abandone el lecho y se vaya al salón a hacer lo más aburrido que encuentre. Aproveche para leer eso que nunca quiso leer. Aburrirse es buenísimo para dormir.

5. En la hora previa a irse a la cama, lo mejor es ir entrenando el organismo, desconectarlo de los problemas y del ritmo diurno. Por eso no será bueno estar trabajando hasta última hora o realizar tareas que requieran gran concentración. Se trata de abrir un paréntesis.

6. En cuanto a comidas, tan malo es meterse en la cama pesado como con sensación de hambre. Lo ideal es cenar dos horas antes de irse a dormir y evitar los alimentos contundentes.

7. Tampoco es bueno el ejercicio físico en las dos horas previas a acostarse, porque el cuerpo se acelera. Lo ideal para dormir bien es realizar algún ejercicio físico de forma habitual —no darse el sofocón un día a la semana— a las siete u ocho de la tarde.

8. Reducir el consumo de café —dos al día, y nunca más tarde de las cuatro, es lo ideal—, alcohol, té, refrescos excitantes, tabaco, cacao y drogas blandas.

9. Si ve que el problema dura más de una semana, se encuentra cansado y el problema le supera, antes de recurrir a la automedicación, acuda a un médico especialista.

10. Y si tiene algún truquillo personal para desconectar, siga con él.

© *El País Semanal.*

---

1. *por eso mismo de ligar cama con sueño*: siguiendo con el tema de cómo relacionar la cama con el dormir.

La salud L

Buenas dosis de calma

Beatriz Peña

Los mejores métodos contra el estrés

Cuando el ejercicio no basta para liberarnos de las tensiones que perturban la vida diaria, una nutrida batería de técnicas de relajación nos devuelve el equilibrio físico y emocional.

Cada vez gana más adeptos la teoría de que, para mantenerse en forma en nuestra vida actual, cargada de estrés, no basta con practicar ejercicio y llevar una dieta sana. Ahora se está entrando en una etapa integral, en la que el cuerpo y la mente se contemplan como un todo indivisible. Encontrarse bien por fuera es sinónimo de estar a gusto por dentro, y viceversa. La clave para sentirse a tono es poseer un equilibrio perfecto en ambos sentidos.

Para alcanzar ese equilibrio, el ser humano cuenta con un arma de extraordinario valor: la relajación. Además, es un excelente punto de partida para empezar a preocuparse por uno mismo. Según el doctor Julio Herrero, psiquiatra y especialista en psicoterapia cognitiva, "la relajación tiene dos facetas: la física —muscular, circulatoria y visceral— y la mental". Para alcanzarla en su totalidad hay que pasar por una fase de transición, que consiste en la observación pausada y consciente de la respiración.

Respirar bien, que a simple vista parece un proceso sencillo, exige al principio una técnica de aprendizaje, y después, mucha práctica. Pero merece la pena intentarlo, porque se alcanza un estado especial, entre lo físico y lo psíquico. Para el doctor Herrero, "se llega a un nivel de bajo consumo de energía, que es el antídoto natural contra la ansiedad".

La relajación tiene además ventajas desde el punto de vista físico. Así, a nivel muscular ayuda a disminuir las tensiones, con lo que se alivian ciertas clases de dolor y las cefaleas de origen tensional. Al parecer, posee asimismo la capacidad de reducir la hipertensión y de ser un buen remedio para los problemas de riego sanguíneo o las digestiones lentas y pesadas. En resumen, todo lo que la ansiedad empeora, la relajación lo puede mejorar.

Otro aspecto fundamental para alcanzar la buena forma es disfrutar de un sueño profundo, imprescindible para recargar baterías y despertar al día siguiente totalmente repuestos del cansancio. El sueño es una de las funciones fisiológicas básicas del organismo, y un indicador de salud y bienestar. Cuando es realmente reparador, la persona se puede entregar de lleno a practicar cualquier deporte, obteniendo de él los máximos beneficios, tanto a nivel corporal como psíquico.

YOGA
El equilibrio más perfecto

Es una disciplina en la que interactúan el cuerpo y la mente. Para practicarla, hay que poseer una predisposición especial, necesaria para poder sentir todos sus beneficios. En algunos casos se convierte en una especie de doctrina o, al menos, en un estilo de vida. El *Hatha Yoga* o yoga físico, el más practicado en Occidente, se realiza a base de distintas posturas combinadas con control de la respiración —*pranayama*— y relajación. En teoría, ese dominio del cuerpo facilita a su vez el control sobre la mente, y al contrario. Hay una larga lista de *asanas* o posturas que influyen en el organismo y estimulan sus funciones. Gracias a ellas se puede llegar a corregir la posición de la columna vertebral, estabilizar la función cardíaca,

El reposo del cuerpo facilita la tranquilidad de la mente y del espíritu. Foto: David Wiltshire.

mejorar la circulación y fortalecer las articulaciones y los grupos musculares. Lo importante es permanecer inmóvil en cada postura, aunque algunas de ellas son muy complicadas. Pero sólo así se logra un mayor dominio del cuerpo.

DANZA
Cuerpos con ritmo

Además de una alternativa divertida a las tablas de gimnasia, bailar es también un ejercicio completo para estilizar el cuerpo. Con el baile se pone en movimiento todo el organismo y se trabajan el equilibrio, la coordinación y el ritmo. Como denominador común, pro-porciona flexibilidad, agilidad y resistencia. De forma particular, el *gim-jazz* moldea la figura, sobre todo el pecho, el abdomen y la espalda. Con el vals se potencia el trabajo de las piernas y, con la salsa, los movimientos de pies, caderas, hombros y espalda. La danza del vientre es un ejercicio magnífico para la espalda, además de mejorar todas las articulaciones.

MASAJE
Una terapía con tacto

Una de las propiedades más fascinantes del masaje, el más antiguo y sencillo de los tratamientos médicos, es que las mismas manipulaciones pueden provocar efectos muy diferentes. Por ejemplo, tensar o aflojar una articulación. En mayor o menor

medida, cualquier masaje siempre debe proporcionar placer, para disfrutar de los beneficios psíquicos que produce.

El masaje incorpora las mismas virtudes que una buena relajación, a las que hay que añadir otros muchos efectos de carácter terapéutico. Así, estimula el riego linfático y sanguíneo, descarga los músculos y puede aliviar cualquier tipo de tensiones, contracturas y/o bloqueos. Pero estos beneficios sólo se obtienen si uno está bien relajado.

MEDITACIÓN ZAZEN
Armonía espiritual

El zen no es una religión, ni una filosofía, sino una disciplina práctica, una experiencia que une el cuerpo y el espíritu. A través de ella se ejercita el arte de la inmovilidad, la atención y el silencio. Poco a poco, uno se desprende de los patrones de agitación e inquietud que agitan su mente, y el cuerpo llega a explorar todas las posibilidades que el silencio le ofrece.

La esencia del zen se basa sobre todo en la práctica estática del *zazen* o meditación. Sentados frente a la pared sobre un cojín y en la postura del loto o medio loto, todas las energías se concentran en permanecer en esa postura. Hay que situarse correctamente y mantenerse en total quietud, con la respiración tranquila y pausada y la consciencia en reposo, sin seguir los pensamientos.

© *Revista Muy especial*

La vida común:
el beber y el consumo de "tapas"
Amando de Miguel

Nada como la comida y la bebida para determinar los rasgos peculiares de la vida común. Los españoles gustan de comer, beber y conversar al tiempo. No les apetece mucho beber agua en las comidas, acaso porque en muchos casos la no embotellada suele ser escasamente potable. El hecho es que necesitan regar la comida con vino o cerveza. La cerveza se toma fría siempre que se pueda. Las clases modestas mezclan inexplicablemente el vino de la comida con gaseosa, que no es más que agua carbónica con sacarina. No hay un tabú especial para que los adolescentes beban también un poco de vino o cerveza en las comidas. Hay ocasiones en que se estimula a los niños a que participen simbólicamente de esa moderada libación alcohólica «para que se vayan acostumbrando».

Quizá el rasgo más característico de esos hábitos sea la «tapa» que se consume en los bares antes de comer, como acompañamiento y justificación de alguna bebida alcohólica suave. Forma parte del consumo ostentoso, ruidoso, gregario, espléndido. Por lo general, las «tapas» se toman en grupo y una persona paga por las demás. Luego otra repite la invitación en otro bar hasta completar la ronda.

En los grupos juveniles, en especial entre los varones, el hecho de ir al bar se produce con mayor frecuencia que la lectura de la prensa diaria. Ir al bar significa, por lo general, comer y beber algo, jugar a las máquinas recreativas, alternar con los amigos (invitarles, conversar, jugar a las cartas), comentar el espectáculo deportivo que sale por la televisión. Es el ámbito de socialización más común para los jóvenes.

Apunta una cierta evolución en la medida en que los jóvenes acostumbran a beber en grupo, pero sin consumir «tapas». Lo típico de las pandillas juveniles es la reunión a la puerta de un bar o dentro del mismo (pero sin sentarse la mayoría de las veces) y pedir una botella de cerveza de litro (una «litrona»), que circula de boca en boca.

© Colección Bolsitemas, Ediciones Temas de Hoy SA. *Los españoles.*

Carnaval
Manuel Vicent

Jacques desapareció en pleno carnaval de Río. Un torbellino humano lo había arrastrado hacia una bocacalle por donde bajaban otras comparsas bailando y allí se formó un remolino que se tragó a Jacques, un joven francés de poca salud. Su novia vio cómo se perdia en medio de un círculo de máscaras que primero lo rodeó bajo el estruendo de los tambores y a continuación se lo fue llevando hacia un callejón de forma inexorable. Por encima de las cabezas enmascaradas Jacques agitaba los brazos y gritaba. Su novia también gritaba agarrada a una verja sobre la tumultuosa corriente de los danzantes, hasta que ambos se perdieron de vista. La chica pensó que su novio acudiría al hotel cuando lograra deshacerse del fregado, pero esa noche Jacques no apareció. El carnaval de Río no había hecho más que empezar. Siguieron varios días confusos y carnales en creciente agitación y llegó el martes grande sin que el joven diera señales de vida. Todo el tiempo de carnaval la chica lo empleó en buscar a su novio por las comisarías, hospitales y depósitos de cadáveres. Cuando los barrenderos de Río ya se habían llevado con la escoba todos los disfraces y también los tambores

15

habían callado de pronto una mañana apareció Jacques en el hotel muy pálido arrastrando los pies hasta caer desvanecido en brazos de su novia. Ella descubrió enseguida una rudimentaria cicatriz que traía detrás bajo la camisa. A Jacques le habían extirpado un riñón. Se lo habían robado. En cuanto pudo hablar el joven explicó que aquel grupo de máscaras lo había arrastrado bailando hacia una furgoneta y poco después de camino lo habían anestesiado. Recordaba la nebulosa de un quirófano desde donde se oía música de samba mientras lo abría en canal un cirujano disfrazado de arlequín. Todos los días se roban riñones, es bien sabido, pero este caso es distinto. Jacques estaba en lista de espera para un trasplante de riñón en París. Le habían prometido uno del mercado negro, de gran calidad, procedente de Río de Janeiro.

© El País.

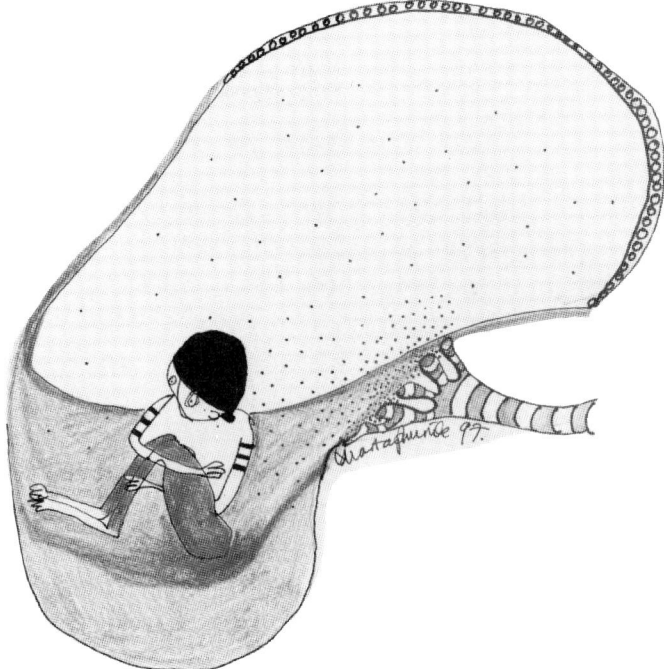

La salud O

La salud

Vicente Verdú

He venido teniendo la sensación desde que he vuelto a España de que aquí la gente se cuida comparativamente muy poco. Los amantes se deshacen[1] susurrando a sus amantes "cuídate". Las madres lo dicen a sus hijos que van a la mili;[2] los amigos, pasados los cincuenta, demuestran su amistad con este asesoramiento muy sentido, "cuídate". No hay muchas campañas públicas que induzcan a tomar en serio la salud, pero la salud es una advocación presente en la afectividad privada. No falta tradición a esta tierra para abrazarse a ella y, sin embargo, acaso con motivo de la autodestructora crisis nacional, parece que cuente poco el ajuar físico. El resultado es que alrededor zumba un país que bebe mucho, desde los adolescentes a los agentes comerciales; que fuma con una intensidad cercana al paroxismo; que se droga en las calles, en los coches, en los pasillos de la facultad,[3] en los bailes, con un desenfado al que nadie pone mucho reparo.

En todas partes cuecen habas.[4] Pero aquí las habas y otras dietas mediterráneas que soleadamente ha pregonado Vicent[5] nos han estado procurando alegrías importantes. En algún momento España se encontraba por encima del mundo en calidad de vida y enseguida llegamos al sexto lugar de los países europeos más longevos. A estas alturas, sin embargo, tras la movida[6] de los ochenta y estas sacudidas de los noventa, hemos bajado al puesto nueve en la clasificación. Ya había encontrado, al volver, a algunos parientes y amigos más abotargados, entumecidos y propensos a toser. No hacen ejercicio por cuestión de principios, les importa poco engordar y ninguno proyecta hacerse un chequeo hasta que lo hospitalicen. La vida no es un valor absoluto, ni siquiera duradero. Pero la salud es la vía elegante de la sabiduría. Subestimarla es optar por una forma más impura de conocimiento.

© El País.

---

1. *se deshacen*: se escapan a otra realidad.
2. *la mili*: el servicio militar, obligatorio en España hasta el año 2002. El Gobierno español tiene proyectado un ejército profesional desde 2003.
3. *la facultad*: suele significar "la universidad"
4. *En todas partes cuecen habas*: este refrán significa que el comportamiento que señala el autor es común en todos los países, y no sólo en España.
5. *Vicent*: Manuel Vicent, escritor y periodista valenciano
6. *la movida*: fenómeno de los años ochenta, sobre todo en Madrid, según el cual la juventud expresó su nueva libertad disfrutando por la noche en bares y clubes.

Maternidad tardía

Luis Rojas Marcos

"Ay, Dios mío, ¡qué tarde voy a llegar!", exclamó el Conejo Blanco del País de las Maravillas mientras consultaba nerviosamente su cronómetro de bolsillo. Este animalillo de ojos rosados, que se cruzara en el camino de la aventurera Alicia de la fábula de Lewis Carroll,[1] simboliza el implacable reloj biológico que desde que nacemos hasta que morimos intenta gobernar nuestras vidas. Hoy, algunas de las rígidas reglas del tiempo, que durante siglos han limitado nuestras opciones, están siendo invalidadas gracias a los avances de la ciencia médica. Un ejemplo es la maternidad después de la menopausia.

Una mujer de 63 años ha dado a luz una hermosa niña de más de tres kilos en Los Ángeles. Su médico le implantó en el útero un embrión creado con los espermatozoides de su marido y el óvulo de una joven donante. El caso de esta madre posmenopáusica no es el primero, aunque es el que bate la marca de mayor edad de nuestros tiempos. El libro del Génesis ya cuenta que Sara, la esposa de Abraham, con 90 años dio a luz a Isaac. "Dios me ha dado algo de qué alegrarme. Y todo el que se entere se regocijará conmigo", gritó exultante al nacer su hijo.

En nuestra sociedad son bastantes las personas que ni se alegran ni encuentran ninguna gracia en las señoras mayores que tienen bebés. Ante la imagen indecorosa de una embarazada que parece una abuela, reaccionan con abierta hostilidad o se llevan las manos a la cabeza con expresión de repugnancia. Para estos críticos, la maternidad en la tercera edad es algo inmoral, antinatural, y refleja el uso perverso de la tecnología. Una gestante de 60 años —piensan— es demasiado vieja para ser buena madre. También razonan que es un error porque una madre de edad avanzada tiene pocas probabilidades de vivir lo suficiente para educar a sus hijos, mientras que los pequeños tendrán que ocuparse muy pronto de sus padres ancianos.

Esta aversión hacia las madres tardías se nutre de prejuicios disfrazados de inquietudes éticas. Cuando en 1994 la italiana Rosanna della Corte dio a luz un magnífico hijo a los 62 años, el periódico del Vaticano, *L'Osservatore Romano*, inmediatamente la condenó: "Los métodos utilizados para conseguir sus deseos son claramente contrarios al plan de Dios". Es cierto que muchos nos sentimos incómodos cuando los mayores se comportan de forma inesperada, sobre todo si se trata del sexo femenino. Pues ante la noticia de que un señor de 80 años ha engendrado un hijo solemos responder con una sonrisa de tolerancia o incluso de admiración.

Yo sospecho que las mujeres de 60 años dispuestas a soportar los sacrificios del embarazo, del parto y de la crianza anhelan profundamente ser madres. Sus bebés serán bienvenidos y queridos en un mundo en el que demasiadas criaturas no lo son. Un mundo en el que miles de jovencillas inmaduras tienen hijos sin pararse a pensar ni estar preparadas para la tarea. Porque ser buena madre no depende de la edad. Depende de fórmulas educativas y comportamientos que en su mayoría se aprenden. Depende también de la capacidad para comunicar cariño, para distinguir lo importante de lo que no lo es, y, en definitiva, para comprometerse, con paciencia y comprensión, con el proceso diario de sustentación de la vida y situar el bienestar tangible de los hijos por encima de conceptos abstractos.

La maternidad ha triunfado sobre el despiadado reloj biológico y hoy es una opción para las mujeres mayores que la deseen. El desafío está en vencer los estereotipos crueles e injustos que sobre la vejez existen tanto en la sociedad como en cada uno de nosotros.

© *El País Semanal.*

---

1. *Lewis Carroll*: seudónimo de Charles Dodgson (1832-1898), autor inglés de la novela "Alicia en el País de las Maravillas" (1865).

Miscelánea nicotínica

F. Fernán-Gómez

Hasta hace poco, los fumadores molestábamos con nuestros humos a los no fumadores, mientras que ellos, con sus saludables alientos, no nos molestaban a nosotros. Ahora, ellos también, con las leyes, decretos, pragmáticas, ordenanzas antitabaco, consiguen al fin molestarnos a nosotros. Esto es lo que se llama la convivencia.

Recuerdo a los actores después del mutis o cuando el director da por bueno el plano que se rueda, buscando ansiosamente el pitillo. Imagino a pintores, músicos, escritores envueltos en humo de tabaco. Dejan a veces morir, olvidados, los pitillos en el cenicero. Otras, dan chupadas frenéticas. Muchas obras maestras quizá no se hubieran acabado sin la ayuda de la nicotina. Puede que se hubieran logrado otras distintas, pero ésas no; no las que son hijas del ayuntamiento entre el tabaco y el hombre.

Parece cierto que solamente en nuestro pequeño país se producen al año 30.000 muertos como consecuencia del hábito de fumar, y eso, por lo visto, no está bien. Recuerdo aquellos tiempos de mi juventud en los que otros jóvenes, partidarios de la guerra y el fascismo[1] me explicaban que con arreglo a las teorías de Malthus[2] la guerra era benéfica para la humanidad porque en cada guerra moría muchísima gente. Pensando que yo o cualquiera de mis amigos podíamos ser uno de aquellos muertos en aras de la conservación de la especie pasé malos ratos, ya que mis amigos y yo estábamos en la edad de los guerreros[3].

Treinta mil muertos cada año en un pequeño país. Es cosa de pensarlo. ¿Conviene que muera tanta gente o no? ¿Será el tabaco algo tan benéfico para el futuro de la humanidad como la guerra o la vasectomía?

Sorprende que puedan haber salido adelante estas campañas contra el vicio de fumar cuando uno se entera por la Prensa, no por informes secretos, de que el tabaco reporta enormes beneficios a los siete grandes grupos multinacionales que controlan el 58% del mercado mundial y que se esfuerzan en incrementar su consumo en los países en desarrollo.

Pero el mecanismo de la política económica internacional está plagado de misterios que quizá sigan siéndolo siempre para los inocentes ciudadanos de a pie[4].

Me resulta extraño que el Estado esté inquieto por la situación de mis bronquios, de mis arterias, por mis posibles ataques nocturnos de tos, por la reducción de mis años de vida. No me imagino al Estado ni a sus inmediatos servidores diciendo: "¡Pobre Fernando, su mala respiración le va a impedir gozar este instante tan delicioso!". Ni siquiera creo que lleguen a pensar: "No acortemos los años de vida de ese hombre que tanto puede hacer por el bien de sus compatriotas".

Lo único que puedo llegar a entender es que el sabio economista y hábil manipulador de computadores le haya advertido al Estado: "Si tenemos que cargar con la curación de 100.000 enfermos de tabacosis al año, vamos a la quiebra". Así, entiendo que no por amor

cristiano hacia nosotros, los fumadores, sino por defensa de los intereses económicos de ellos, los administradores, pueden emprenderse campañas contra la libertad del individuo.

Creo recordar que en una encuesta se afirma que los ciudadanos españoles fuman más cuando están entre amigos que cuando están solos. De esto puede deducirse fácilmente que para secundar los saludables propósitos del Estado conviene prescindir de los amigos; vamos, de la amistad. O sea, lo contrario exactamente de lo que recomendaba el gran maestro Epicuro[5].

Ahora que me acuerdo: también en dicha encuesta se informa de quiénes son, según sus profesiones, los que fuman más que el resto de los ciudadanos: los médicos. Curioso, ¿verdad?

Conozco yo a un señor aparentemente normal que cada vez que se pone nervioso o tiene un disgusto o se aburre, no enciende un pitillo, un puro o una pipa, sino que coge el coche y se da unas vueltas por ahí; él me lo ha dicho. En cuanto a peligrosidad respecto a los demás, sólo con comparar la posible potencia destructora de un automóvil con la de un cigarrillo está dicho todo.

Ya habrá advertido el curioso lector, el paciente lector, que este artículo no tiene orden ni concierto. Es, como su título indica, una miscelánea. Aceptados ese planteamiento y esa estructura, puede ser lícito rematarlo con la presunción de que a los filósofos estoicos[6] de la vieja Grecia, tan anteriores, para su desgracia, al desembarco de

18

Colón en Guanahaní,[7] el humo del tabaco les habría servido de gran ayuda.

También estoy convencido de que, lejos del estoicismo, el maestro Epicuro habría aconsejado a sus amigos y discípulos que fumasen tabaco de Virginia[8] mientras escuchando sus lecciones paseaban por el jardín, siempre que el precio de las cajetillas no les obligase a trabajar demasiado.

1 *partidarios de la guerra y el fascismo*: se refiere a la guerra civil española, 1936-39, sobre todo al bando nacional del general Francisco Franco, que favoreció una ideología fascista.

2 *la teorías de Malthus*: Thomas Malthus (1766-1834) fue un clérigo y economista británico que creía que era necesario controlar el crecimiento excesivo de la población mediante la guerra, la enfermedad y el hambre.

3 *la edad de los guerreros*: la edad del servicio militar.

4 *ciudadanos de a pie*: ciudadanos normales y corrientes.

5 *Epicuro*: filósofo griego que creía que todas las filosofías debían tener como única meta la felicidad, y que el placer (del cigarrillo en este caso) era el bien sublime de la vida.

6 *filósofos estoicos*: grupo de filosófos griegos que creían que se conseguía la verdadera libertad rechazando la pasión y los pensamientos injustos, y siguiendo la virtud.

7 *el desembarco de Colón en Guanahaní*: se refiere a la llegada de Cristóbal Colón a las Américas en 1492. El tabaco se originó en el Nuevo Mundo.

8 *tabaco de Virginia*: tabaco rubio, que cuesta más que el tabaco negro.

La salud R

MERCADERES DE LA MUERTE
LUIS ROJAS MARCOS

Los hospitales públicos de Nueva York han planteado una querella contra las compañías tabaqueras, acusándolas de haber ocultado, a sabiendas y durante años, el poder adictivo de la nicotina y la relación directa que existe entre el consumo de tabaco y ciertas enfermedades mortales del corazón y de los pulmones. El pleito busca recuperar el dinero gastado en el tratamiento de estas dolencias.

El tema del cigarrillo es a la vez complicado y simple. Ésta es la parte complicada: ¿por qué toleramos una industria que engaña, seduce y hace adictos a consumidores demasiado jóvenes como para comprar legalmente el producto? Comprendo que la respuesta a esta pregunta sea políticamente difícil, dado el enorme poder de las multinacionales tabaqueras. Pero para compensar lo políticamente difícil ahí está la verdad simple: fumar mata. El tabaco es el único producto legal que cuando se usa como es debido causa la muerte.

Cada día 3.000 niños empiezan a fumar en Estados Unidos. El 40% morirá prematuramente de su adicción. Los negociantes de la nicotina saben desde hace mucho tiempo que para mantener los beneficios económicos necesitan reponer las bajas con nuevos clientes de edad temprana. Pocas personas se inician en el cigarrillo después de los 18 años. El fumador típico echa los primeros pitillos a los 13 años, ansioso por demostrar que ya es mayor, y se *engancha*[1] a los 15. La mayoría nunca podrá abandoner el vicio, incluso después de ver la mancha negra en los rayos X.

Es verdad que el consumo de muchos fumadores es una decisión consciente y libre. Todos tenemos derecho a escoger nuestros venenos. Pero también es cierto que bastantes niños y niñas son embaucados por las manipulaciones publicitarias de los mercaderes de la muerte. Mientras que los gobiernos, adictos a los lucrativos impuestos del tabaco e incapaces de encontrar una virtud que proporcione los mismos ingresos, miran hacia el otro lado. Después de todo, los fumadores pagan de sobra el coste de sus problemas médicos, no sólo con las tasas del cigarrillo, sino muriendo de promedio cuatro años antes de cobrar el total de su jubilación.

Fumar es un rito que ofrece un sabor fugaz de libertad y una chispa de rebeldía. No pocos han sido seducidos por lo *sublime* del tabaco en boca de Manuel Machado[2], de André Malraux[3], de Winston Churchill[4], de Sigmund Freud[5], de John Wayne o de Humphrey Bogart[6]. La liberación femenina y el pitillo han estado conectados desde el siglo pasado. Las mujeres independientes, las descaradas y las exigentes sociales eran las que encendían las hojitas de tabaco. Los cigarrillos también han representado el regalo universal. Los soldados los comparten con sus prisioneros, y el verdugo con el reo.

En el fondo, fumar no es sólo un acto individual, sino además una ceremonia cultural. Por eso ninguno somos inocentes. Todos somos cómplices. Todos hemos bailado con el diablo.

Sospecho que el romance con el cigarrillo se está empezando a quebrar. La evidencia sobre los peligros del humo de segunda mano ha asestado un duro golpe a la industria, y en los países desarrollados el consumo está descendiendo. Pero, ¿y esos hombres y mujeres que continúan dando su vida por el pitillo? Para muchos de ellos, como dijo Sartre[7], una vida sin fumar no vale la pena. El cigarrillo es una forma de vivir, y su forma de morir. Al final, sus sueños de la vida se harán humo. El problema es que una de las víctimas puede ser alguien querido. Y si vemos morir en nuestros brazos a una persona querida, la única opción que nos queda es perseguir al asesino.

© *El País Semanal,*

---

1. *"engancharse"*: se usa para describir la adicción a las drogas.
2. *Manual Machado* (1874-1947): poeta español.
3. *André Malraux* (1901-76): novelista francés antifascista; Ministro de Cultura en los años 1960.
4. *Winston Churchill* (1874-1965): uno de los políticos más importantes del siglo, por su presidencia del Gobierno británico durante la segunda guerra mundial (1939-45).
5. *Sigmund Freud* (1865-1939): psicoanalista austríaco, una de las figuras más influyentes del siglo 20.
6. *John Wayne* (1907-1979) y *Humphrey Bogart* (1899-1957): estrellas del cine estadounidense.
7. *Jean-Paul Sartre* (1905-80): filósofo existencialista francés.

Oídos Sordos

Elena Ochoa

Profesión, enfermera, dos hijas en sus veinte; un marido electricista; edad, cuarenta y siete años y un diagnóstico de enfermedad de Alzheimer[1]; dos años después sigue entubada en una cama, en su casa y rodeada de amor. "Mi madre se dedicó a cuidar a los demás siempre, ahora se merece lo mismo", comenta una hija. Profesión, sus labores;[2] sin hijos y con un marido jubilado, en sus setenta y con un diagnóstico de enfermedad de Alzheimer; varios años después sigue tirada en el suelo, alimentándose de la comida del perro. Con estos dos casos comienza un documental escalofriante relatado por la hija de Rita Hayworth[3] sobre esta demencia degenerativa.

No importa la educación, el grado de inteligencia o la profesión, el sexo, la edad, vivir en el campo o en la ciudad; todos los seres humanos somos vulnerables. A pesar de haber localizado ciertos genes responsables, todavía no se conoce su causa. Ni su cura. Ni su prevención. Sólo la información y el apoyo a la persona afectada y a su familia, el sentir que uno no está solo y que hay otros que pasan por lo mismo, puede proporcionar un respiro.

Si usted manifiesta la enfermedad de Alzheimer cumplidos los ochenta o cuando inicia la cuesta adulta de los treinta, cuídese con paciencia como pueda, y ruegue a su destino algo de suerte; además de la tortura al notar que la capacidad para pensar comienza a desintegrarse, que se olvidan los nombres de las personas queridas, es la soledad y la impotencia lo más terrible, lo más cruel.

Medio millón de personas ya han manifestado Alzheimer en nuestro país. En veinte años, multiplique usted por cuatro. La población cada vez vive más tiempo, y la enfermedad de Alzheimer está ya a la cabeza de las enfermedades que producen más gastos indirectos, sociales y privados. Millardos, que no millones de dólares americanos, se gastan anualmente en países como Italia, el Reino Unido y Estados Unidos en esta enfermedad, según informes publicados en los noventa. Sin embargo, pocas, o ninguna, son las estrategias de futuro, las planificaciones de los Gobiernos para hacer frente a esta condición, que tendrá características de epidemia en el próximo siglo. La política de hacer oídos sordos es la que domina.

A pesar de que se ha demostrado en estudios piloto la reducción de los costes emocionales y sociales cuando se aplican programas de formación e información a los cuidadores, de rehabilitación y soporte psicológico, y cuando la persona afectada está controlada por una unidad multidisciplinar, los Gobiernos siguen sin actuar. También las compañías privadas con responsabilidad. Mientras tanto, las asociaciones de familiares cumplen un importante papel. También los investigadores. Pero no es suficiente.

Por primera vez en la historia de la humanidad es necesario que los Gobiernos y aquellos grupos favorecidos económicamente se enfrenten al incremento imparable de personas mayores con falta de autonomía, con un cerebro que vive para siempre en el vacío.

© *El País Semanal.*

---

1. *enfermedad de Altzheimer:* enfermedad que causa la demencia senil y que aflige a un 5% de las personas de más de 65 años.
2. *sus labores:* definición profesional del "ama de casa".
3. *Rita Hayworth* (1918-87): estrella del cine estadounidense de padre español, que sufrió de la enfermedad de Altzheimer.

Segunda parte: Los marginados

Una persona marginada es, como la palabra indica, alguien que está al margen de la sociedad, por ejemplo el gitano, el mendigo, el inmigrante sin papeles, la prostituta. Muchas veces esta persona tiene que luchar por mantener una vida soportable, y esta lucha le lleva al conflicto no sólo con las fuerzas del orden sino también con sus hermanos en la marginación.

El tema de los marginados es el tema español por excelencia. Hace cuatro siglos en España, un marginado literario, llamado el pícaro, dio su nombre a un tipo de novela que mostraba al lector las pésimas condiciones sociales en que vivía esta gente. La novela picaresca vinculó España para siempre a la marginación. Algunos de los textos siguen de cerca la tradición de la picaresca, que continúa vigente ahora, como explica Jesús Fernández Santos en el articulo "Mendigos" (Texto M). Este artículo muestra cómo se presenta la marginación en las condiciones modernas en España.

La sección comienza con algunos retratos de gente marginada típica: mendigos, drogadictos jóvenes, inmigrantes. Un tema constante en toda la sección es la mala suerte ligada a la pobreza, que terminan condenando a este grupo a la calle. Una vez marginado su destino es ser víctima de gente explotadora, y esto es lo que espera a muchos jóvenes e inmigrantes sudamericanos y africanos. Los marginados suelen usar su ingenio y su energía para sobrevivir, como el carterista octogenario, Manco Pistolas (Texto N) y Fabián, el camarero sudamericano (Texto L).

Retratos de gente marginada

La calle es su casa y el barrio su familia. Huyen de las obligaciones y los horarios. Algunos mendigos son felices así, se conforman con poco: comida, bebida y tabaco

José Manuel, un enorme barbudo de profundos ojos marrones, de 40 años de edad, es analfabeto. Pero es un hombre muy sabio. El doctorado lo hizo en la universidad de la calle, y ya son 30 años de estudio. Treinta años muy vividos, de los que su brazo izquierdo, medio paralizado, y una ristra de cicatrices y puntos repartidos por todo el cuerpo, dan fe. No es de carácter fácil, dice. La Legión,[1] la cárcel, la calle, pero sobre todo la sociedad de consumo le hicieron ser violento, se excusa, cuando recuerda las peleas y trifulcas en las que se ha visto envuelto.

Y sin embargo, José Manuel parece un hombre tranquilo, maduro, un auténtico filósofo que suelta sin esfuerzo alguno máximas de enorme calado, y describe realidades en pocas palabras. Verdades como ésta: «Mendigos somos todos, y los mayores son el Estado y la iglesia, esos sí que piden».

Todos los días acude a la escalinata de la Iglesia del barrio madrileño que ha elegido como hogar. Las señoras, menudas, de pelo blanco ahuecado por secador de peluquería, enfundadas en negros abrigos de astracán, le saludan, hablan del tiempo, y a la salida de misa le dan la limosna de un duro[2] o dos que tenían preparada en el bolsillo. Algunas le entregan 15 pesetas, para que las reparta con Javier, de 33 años, y Emilio, de 34, los otros dos mendigos que *trabajan* en la misma iglesia.

Fátima Uribarri   © *Cambio 16.*

Emilio estudió hasta sexto de bachillerato,[3] pero lo dejó porque estaba «hartito», de estudiar, trabajar, y entrenar en un equipo de fútbol.

Trabajó como aprendiz de fontanero, en un matadero, en el restaurante de un tío suyo... Pero también lo dejó: «Eran muchas horas de curro diarias, 20 horas son demasiado para el cuerpo». Se metió en el bolsillo unos ahorrillos y se recorrió España en tren. Cuando se le acabó el dinero aterrizó en Madrid, vio un hueco apropiado para pasar la noche y comenzó su nueva vida de pedigüeño.

Una vida que no quiere cambiar: «Me conformo con poco, tengo para comer, para fumar, para tomar una copichuela. Tengo lo suficiente». Disfruta a su manera. Y al frío se acostumbra uno, dice. Incluso hay días buenos. Como Nochebuena, cuando una señora le dio mil duros de golpe. Y Navidad, cuando cayeron otras 5.000 pesetas. Las navidades son buenos tiempos para los mendigos.

Fátima Uribarri   © *Cambio 16.*

Luisa ha tenido poca suerte en la vida. De padre drogadicto y madre prostituta, comenzó a los nueve años a fumar hachís y poco tiempo después

---

1 *la Legión*: la Legión Extranjera Española.
2 *un duro*: moneda de cinco pesetas.

3 *sexto de bachillerato*: último año del bachillerato para estudiantes de 16 años.

caía en la fatídica trampa de la heroína. Realmente, había pocas opciones para emprender otro camino. Nacida en un barrio marginal de Sevilla, sus progenitores, enganchados al *caballo*, la utilizaron desde su más tierna infancia como *camello*[1] para vender papelinas de heroína y cocaína, además de ser sometida a un auténtico calvario. Sin cariño ni afecto, Luisa se pasaba la mayor parte del día sin salir de casa, obligada a realizar todas las tareas domésticas y a cuidar de su hermano menor. La droga estaba al alcance de su mano y sucumbió a la tentación. Hoy tiene 15 años y vive en un centro de rehabilitación de Andalucía.

El caso de la niña sevillana es uno más de la larga lista de menores heroinómanos. Aunque la sociedad española haya ignorado sus dramas, lo cierto es que cientos de niños han pasado durante los últimos años por distintos centros de desintoxicación y muchos de ellos siguen todavía en tratamiento.

Enrique Chueca   © *El País*.

Pedro, nacido en Melilla, tiene ahora 15 años y desde los nueve ha vivido en el mundo de la droga. A esa edad ya fumaba porros e inhalaba pegamento, pasos que fueron previos al consumo intermitente de heroína, de la que llegó a fumarse entre una y dos papelinas diarias, en función del dinero que poseía. De padres separados, Pedro y sus tres hermanos han vivido junto a su madre en distintas capitales españolas, sin que ésta pudiera evitar su absentismo escolar ni conseguir que pasara la mayor parte del tiempo en la calle junto a sus colegas. Cuando llegó a manos del equipo terapéutico que lo trata su estado físico era "malo" y padecía el síndrome de abstinencia.

Enrique Chueca   © *El País*.

Antonio: Los menores no siempre acceden a la heroína por el mismo camino, según las fuentes consultadas. Así lo confirma la historia de Antonio, de 16 años, prototipo del toxicómano que llega al *caballo* por la vía de las drogas sintéticas. Nacido en Cádiz, de padre alcohólico, este adolescente comenzó a consumir todo tipo de anfetaminas y alucinógenos cuando apenas había superado los 10 años. Lo hacía junto con los demás chicos y chicas de su pandilla, que varios años después se convertirían en unos fanáticos de la *ruta del bakalao*[2] de la costa gaditana. Al final, llegaría su dependencia de la heroína y cocaína, lo que le llevó a ingresar en un centro de desintoxicación. Sufría delirios y paranoia.

Enrique Chueca   © *El País*.

1 *camello*: el que vende drogas.

2 *la ruta del bakalao*: itinerario de discotecas donde se baila al ritmo del "bakalao".

Inmigrantes en España

Distribución por comunidades autónomas

MADRID	93.610
CATALUÑA	83.296
ANDALUCÍA	61.437
C. VALENCIANA	56.163
CANARIAS	47.427
BALEARES	25.895
GALICIA	16.431
CASTILLA Y LEÓN	13.864
PAÍS VASCO	12.262
MURCIA	6.549
ARAGÓN	6.305
ASTURIAS	6.282
CAST.- LA MANCHA	5.573
EXTREMADURA	4.516
NAVARRA	3.784
CANTABRIA	2.650
LA RIOJA	1.348

Datos de 1994

TOTAL 461.364

Número de emigrantes por continentes

Europa	220.674
América	103.325
África	82.607
Asia	35.742
Oceanía	839

Fuente: Asociación Solidaridad Trabajadores e Inmigrantes y Ministerio de Asuntos Sociales.

Cómo legalizarse

Para adquirir la situación de inmigrante legal es preciso aportar un permiso de trabajo y residencia o un permiso de residencia no laboral. Los familiares de inmigrantes en situación irregular pueden, a su vez, legalizar su situación en España, en los siguientes supuestos:

1 **Cónyuge** (salvo excepciones legales).

2 **Hijos menores de 18 años,** que no estén independizados, incluidos los adoptivos, siempre que la adopción sea legal en España.

3 **Incapacitados y menores** cuyo representante legal sea el inmigrante con situación regularizada.

4 **Ascendientes** dependientes del extranjero regularizable y con residencia justificable en España.

Direcciones

● **Permiso de trabajo y residencia:** INSERSO (Av. de la Ilustración-Ginzo de Limia, 58).

● **Permiso de residencia no laboral:** Comisaría General de Extranjería y Documentación (General Pardiñas, 90), e INSERSO.

CARMEN TREJO

Hassan Aalouch vende ropa vaquera en oficinas y grandes colectivos —todo en función del boca a boca— y no tiene un puesto fijo en ninguna parte; pero todo el día está con el trasiego de la ropa, de aquí para allá y viceversa, los vaqueros y chaquetas de marca conocida siempre en sus brazos, cuando no los tiene ocupados en sostener los mellizos de 17 meses que su mujer ha traído al mundo. Hassan tiene ahora 28 años, se vino con 18 a España desde Marruecos y resume que su vida aquí ha sido "buena y mala, ya se sabe, la vida de un emigrante".

En realidad, Hassan trabajó durante un tiempo en lo que considera su verdadera profesión, la de albañil, y tuvo permiso de trabajo. "Luego me caducó y no pude renovarlo, y al no tenerlo en regla me rechazaban en la construcción". Una laguna burocrática le llevó a la laguna laboral y una y

otra cosa le han dejado unos años estigmatizado como un *Sin Papeles*.[1] Mientras, se unía a una española, tenía dos mellizos y se hacía vendedor de tejanos. La vivienda supuso en el pasado un penoso problema como para la mayoría de los inmigrantes, pero ahora viven en Vallecas[2] en un piso concedido por la Comunidad autónoma.[3] El miércoles ya estaba en la sede de Comisiones Obreras[4] entregando su petición de residencia.

Inmaculada de la Fuente   © *El País.*

1 *sin papeles*: gente extranjera que no tiene los documentos oficiales para vivir y/o trabajar en España.

2 *Vallecas*: distrito de Madrid.

3 *la Comunidad autónoma*: España se divide, administrativamente, en 17 comunidades autónomas (regiones).

4 *Comisiones Obreras (CC.OO.)*: sindicato ex comunista de gran influencia en el mundo laboral actual.

Tanor Mbaye es senegalés y vino a España en 1987. En este tiempo ha demostrado que tiene recursos para ganarse la vida, pero sus encuentros con la policía no le han dejado demasiado tiempo para disfrutarlo. "Yo soy artista", dice, y "formo parte de un grupo de música tradicional africana que tiene trabajo asegurado con una productora". Eso, y la venta ambulante, otro de los trabajos recurrentes a los que se ha dedicado. En él la historia se repite, y como otros muchos ilegales, en algún momento tuvo permiso de residencia como vendedor ambulante, pero luego la cadena de la renovación se rompió y se quedó fuera. "En 1993 fui a renovar y primero me lo concedieron, pero luego, al ir a recoger la documentación, me lo denegaron. Me faltaba un papel que había perdido cuando me robaron la cartera (robo que había denunciado en su día y del que tenía como recuerdo un certificado)", explica con resignación.

"Me gusta mucho *aquí* y me gustaría tener aquí mi residencia", sigue Tanor, de 39 años. No se hace demasiadas ilusiones, sin embargo, como si se resistiera a creer que por fin va a lograr que le dejen tranquilo. "Si me dan la residencia, mejor, porque siempre me está cogiendo la policía y preguntando, y con papeles estaría tranquilo". Es padre de tres hijos, dos de ellos en Senegal, de su primera pareja, que también reside en su país, y uno pequeño, nacido en España, de una convivencia con otra inmigrante que vino con contrato de artista y que no tiene papeles.

Hace tiempo tuvo un puesto fijo en el Rastro madrileño,[1] pero perdió esa posibilidad y ahora monta el tenderete donde puede o acude a los mercadillos de los pueblos fuera de Madrid. "Llegas a esos mercadillos, y si hay un sitio libre lo ocupas, pero si está el titular no puedes, y tienes que volverte a tu casa", agrega.

Inmaculada de la Fuente　　© *El País*.

Los marginados B

El dramático itinerario de Jari el Mustafá

Marta Costa-Pau

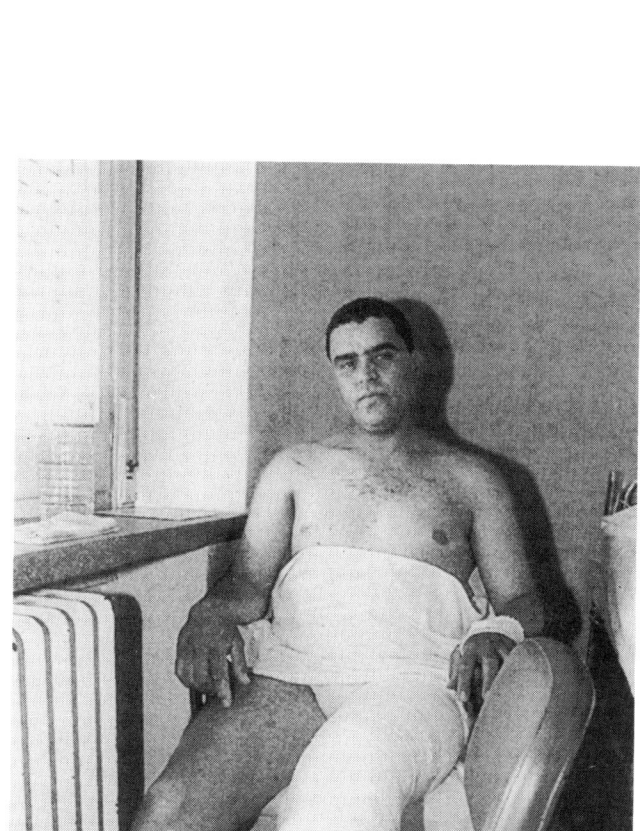

El inmigrante ilegal hospitalizado en Figueres pagó 200.000 pesetas por compartir 'patera'[2] con 28 magrebíes

---

1　*el Rastro madrileño*: un mercado de Madrid muy concurrido, en el que se venden cosas de segunda mano los domingos por la mañana.

2　*patera*: embarcación rudimentaria que utilizan los inmigrantes ilegales para cruzar el Estrecho de Gibraltar.

Con la servilleta que la enfermera le ha puesto en la bandeja del almuerzo, el marroquí Jari el Mustafá se seca las lágrimas que no ha podido contener. "Sólo quiero llamar a mi mujer para decirle que sigo vivo", explica entre sollozos. No tiene ni un céntimo y le han cortado la línea telefónica en la habitación porque "la factura de sus llamadas quedaría sin pagar", aducen responsables del hospital de Figueres, donde el lunes será operado de una fractura en la tibia. Los Mossos d'Esquadra[1] le detuvieron el viernes y, aunque él lo niega, le consideran uno de los 11 inmigrantes ilegales que viajaban en la furgoneta que el día anterior volcó a escasa distancia de la frontera de La Jonquera.

Allí terminó el itinerario proscrito de este inmigrante ilegal que hace apenas dos semanas subió a una *patera* con otros 28 magrebíes y durante las cuatro horas que duró la travesía del estrecho de Gibraltar presintió el rostro de la muerte cada vez que el oleaje lejano de un gran barco quebraba la estabilidad de la precaria embarcación. Postrado en la cama del hospital de Figueres, el recuerdo de ese mal trago ensombrece todavía su rostro. Cuando subió a la barcaza, era plenamente consciente de que muchos que lo habían intentado antes que él habían llegado a la otra orilla flotando inertes sobre las aguas.

Jari fue encontrado el viernes, tumbado bajo un árbol cercano al lugar donde volcó la furgoneta, por un equipo de reporteros de TV-3 que había acudido al lugar para tomar unos planos. El marroquí cuenta que consiguió a duras penas salir de su escondrijo en la espesura del bosque de Can Nadal, donde llevaba dos días malherido. "Me arriesgaba a ser detenido, pero quedarme allí inmovilizado, sin comer ni beber,

suponía una muerte casi segura", explica. La desafortunada herida de El Mustafá, que él achaca a una caída sufrida mientras caminaba por la montaña hacia la frontera, ha puesto punto final a su aventura europea. Sabe que una vez recuperado, su destino será bien distinto al que deseaba, llegar a Italia: lo repatriarán y tendrá que regresar a su Kouribeka natal, una ciudad situada a 90 kilómetros de Casablanca, al abrigo de la cordillera del Atlas.

La vida de Jari el Mustafá, de 39 años, dio un vuelco cuando en 1988 una bomba del Grupo Islámico Armado (GIA) causó la muerte de su padre en la ciudad argelina de Ouihrane. Atemorizado, huyó con su esposa y sus cinco hijos a Marruecos, su país de orígen, donde le resultó imposible encontrar trabajo. La necesidad le forzó a emprender un primer viaje clandestino. Se embarcó como polizón en un buque mercante que le llevó hasta la costa italiana. En ese país consiguió trabajos precarios e intermitentes durante cinco años, lo que le permitió enviar a Marruecos el dinero suficiente para mantener a su familia e incluso regresar.

Hace 15 días, Jari el Mustafá inició su segundo intento de penetrar en Europa. Su destino era el mismo, pero no el itinerario: en esta ocasión debía atravesar España y Francia para llegar a Italia. Cruzar el estrecho de Gibraltar en una *patera* al borde del naufragio le costó 200.000 pesetas. El patrón, un español, ingresó en ese viaje casi seis millones de pesetas. Superado el Estrecho, el joven marroquí empleó nueve días en llegar hasta La Jonquera desde Algeciras, y lo hizo, según relata, por su cuenta y riesgo. "Caminé mucho por carreteras poco transitadas y también hice autoestop. Dormí al raso todas las noches y apenas comí para no gastar el poco dinero que tenía", asegura.

Mapas de carreteras

Jari insiste en que no vio a ningún otro inmigrante durante los dos días que estuvo herido en el bosque de Can Nadal. Sin embargo, una simple ojeada entre la vegetación permite advertir restos que delatan la presencia de grupos de inmigrantes que hacen vida al raso durante días a la espera de un transporte. Frutas, latas de conserva, maquinillas de afeitar y mapas de carreteras de Francia e Italia aparecen en los improvisados cobijos como testimonio de este drama oculto.

Los vecinos de la zona se topan a diario con grupos de ilegales que buscan intermediarios para cruzar la frontera. Uno de los puntos de encuentro es el bar de la gasolinera La Tortuga, situada al pie del bosque de Can Nadal.

Desde su habitación del hospital de Figueres, custodiado por dos *mossos*, Jari el Mustafa desea mejor suerte que la suya a los compatriotas que se ven obligados a salir del país para buscar la vida. Ha aceptado su fracaso y dice que va a regresar para quedarse, pese a las dificultades de la vida en Marruecos. Pero tampoco descarta que algún día, cuando haya olvidado este mal trance, el hambre de su familia le obligue de nuevo a embarcarse en otra incierta *patera*.

© *El País*. Foto: Pere Durán.

---

1 *los Mossos d'Esquadre*: policía catalana.

En el verano aumenta el número de fugas entre los jóvenes. El buen tiempo refuerza la idea de echarse a vivir a la calle.

¿Qué va a ser de ti?

Juanjo Montanary

Sólo en Madrid, son casi 800 los adolescentes que cada año intentan huir, divertirse o buscarse la vida lejos de casa. El fenómeno de las fugas adolescentes es mucho más común de lo que parece. Pese a ello, los expertos en el tema quitan hierro al asunto e insisten en que la mayoría de ellas terminan sin mayor problema entre las 24 y las 48 horas

Adolescente, de entre 13 y 17 años, con ganas de huir o divertirse, hijo de unos padres que no aceptan sus ideas o con los que ni siquiera vive y mayoritariamente de sexo femenino.

Así es el menor español que decide fugarse de casa. Unas fugas que se realizan, principalmente, en las temporadas de verano o de entrega de notas, casi siempre con acompañantes, terminan en un par de días y rara vez llevan a cometer actos delictivos.

Además, son mucho más comunes de lo que en principio se podría pensar. Sólo en Madrid son casi 800 los adolescentes que anualmente se escapan de casa, lo que representa una media de algo más de dos diarios.

María Ordóñez, subdirectora del centro de acogida Ciudad de los Muchachos, afirma que «las fugas de adolescentes están a la orden del día y

28

muchas veces se dan sin que exista ningún motivo más que las ganas de descubrir cosas».

En palabras de Javier Urra, defensor del Menor[1] de la Comunidad de Madrid, «lo que hay que hacer es profundizar en el porqué de las fugas, en qué es lo que les duele por dentro a los adolescentes».

Un hecho tan común se convirtió en voz de alarma con la historia de Manuel, Nuria, Estela y Juan Carlos, los jóvenes madrileños que se escaparon y cruzaron la frontera portuguesa, recibiendo la atención unánime de un país sobre el que todavía pende la sombra del caso Alcàsser.[2]

Pese a que todo acabó de una manera no traumática, son muchos los padres preocupados porque sus hijos se escapen de casa y no terminen así de bien.

Casi al mismo tiempo, otra adolescente de Deltebre (Tortosa) optaba por una opción más radical: emanciparse de sus padres para no tener que ir a vivir con ellos.

El caso es que una parte importante de los adolescentes españoles quieren vivir su vida, aunque sea por unas horas, despegándose del entorno familiar.

La mayoría de ellos lo hacen entre los 13 y los 17 años, según datos del Grupo de menores (Grume) de la Policía Nacional. En concreto, la edad más común para escaparse de casa es la de los 16.

Según Mara Cuadrado, psicóloga especialista en temas de adolescencia:

—Es una época en la que la transgresión prevalece sobre cualquier otra característica y también es importante el deseo de independizarse de los padres, de no estar sujetos a ningún tipo de autoridad.

Hay momentos del año más dados a la huida. Uno de ellos es el verano. Las buenas temperaturas y el aburrimiento que provoca tanto tiempo libre son determinantes a la hora de decidirse a vivir una aventura.

Ganas de llamar la atención

El fracaso escolar también hace que las comisarías se vean inundadas de avisos. A veces da tanto miedo haber suspendido que se prefiere huir a tener que entregar las notas en casa.

Puestos a diferenciar entre sexos, ellas se van de casa con mayor frecuencia que ellos. De los 778 casos que hubo en Madrid en 1996, 431 eran chicas, datos que se repiten de una manera parecida año tras año.

Cuadrado afirma que «las chicas lo hacen de una forma más notoria, para llamar la atención. Además juegan con que saben perfectamente que por ellas se preocupan muchísimo».

Lo más difícil es establecer una motivación típica por la que los jóvenes se quieran ir de su casa.

Manuel, líder de la pandilla fugada que saltó a los medios de comunicación, declaraba «sólo queríamos conocer lo que es vivir, disfrutar de unos días. Nos preguntábamos cómo sería tener un coche, ir de vacaciones, ver otras tierras, el mar, la playa. Ahora estamos arrepentidos».

Es un tema en el que es peligroso generalizar. Aunque muchas veces fugarse sea una forma de escapar de un entorno o de la familia, otras veces puede tratarse de algo tan simple e intrascendente como las ganas de diversión.

© Cambio 16.

Los marginados D

Dieciocho millones de niños explotados

Maika Ortiz

Este mes se celebrará la Conferencia Internacional sobre el Trabajo Infantil en Oslo. Mientras representantes de organismos oficiales y organizaciones no gubernamentales intercambien opiniones y cifras sobre la situación de los niños trabajadores de todo el mundo, los infantes de ciudades como Sao Paulo, México o Quito, se estarán jugando la vida en las calles tratando de sobrevivir, como parte de su rutina diaria. Maika Ortiz informa sobre las dramáticas condiciones en que se encuentran los niños sin infancia en América Latina.

---

1 *defensor del Menor:* oficial que protege los derechos de los menores.
2 *el caso Alcàsser:* caso famoso en el que un grupo de chicas jóvenes desapareció para aparecer violadas y asesinadas.

"Si no trabajo, no como. Además, no quiero llegar a casa sin un centavo, a mi papá no le gusta", éstas podrían ser las palabras de cualquiera de los 18 millones de niños que trabajan en condiciones de explotación en América Latina. De estos, tres de cada cuatro no estudian por lo que difícilmente podrán optar en un futuro a una mejora en sus condiciones de vida.

Niños privados de una infancia y lanzados a la realidad dura e injusta, para la que no han sido preparados. La calle les pondrá al corriente.

La Convención sobre Derechos de los Niños habla de respeto y protección al infante. Mientras, es común ver en grandes ciudades como Quito o Ciudad de México, ejércitos de niños vendiendo en los semáforos, avenidas o en cualquier lugar donde pueden realizar su trabajo y llevar así algún dinero a casa.

Una vez en la calle, estos menores se convierten en las presas más fáciles de los narcotraficantes, enfermedades y del mundo de la prostitución. Sólo en la ciudad de Sao Paulo, según fuentes policiales de dicha ciudad, durante los primeros seis meses del pasado año morían 97 menores por consumo de *crack* y víctimas de las represalias de los traficantes. Las posibilidades de salir de este mundo son casi nulas por no hablar de las secuelas psicológicas que se derivan de tales experiencias.

El presidente del Banco Interamericano de Desarrollo, Enrique Iglesias, afirmó este verano que el 60 por ciento de los niños de América Latina viven en situación de pobreza y de esto, el 20 por ciento en la indigencia.

Un dato alarmante, a pesar de los programas de educación y desarrollo que muchas organizaciones llevan a cabo en zonas concretas y que ayudan a paliar esta situación, aunque no en su totalidad. Es difícil que se pueda alcanzar mientras no se adopten políticas que cambien las condiciones que provocan tal situación de pobreza y desamparo, especialmente en los más pequeños.

En este sentido, hay que señalar el informe ofrecido por la Comisión Económica Permanente de la ONU para América Latina y el Caribe (CEPAL) el pasado mes de abril en Brasil. En el capítulo dedicado a los niños, se asegura que de los quince países examinados sólo un tercio logró, en los primeros cinco años de la actual década, avances simultáneos en cuanto a la situación nutricional, condiciones básicas y desempeño laboral.

En este mismo informe se dice que el trabajo infantil y adolescente aún no da muestras de disminuir en la región. De siete países estudiados en 1994, sólo en Argentina había disminuido. Muchos de estos niños trabajan más de cuarenta horas a la semana bajo unos salarios míseros, si es que cobran.

Junto a esto, la desaparición de menores de sus hogares es una constante. Según datos ofrecidos por el Centro de Atención al Niño Perdido en Ecuador, cincuenta niños desaparecieron al mes en Ecuador a principios del año 1997 por razones varias: malos tratos, abandono de los padres, extravío, rapto. En similares fechas y en el mismo país, se descubrió un mercado de niños que eran llevados a Venezuela para trabajar como mano de obra barata, un escándalo que involucró a instancias oficiales en manejos turbios sobre la autorización de salidas de menores. Cabe además la responsabilidad de los padres al aceptar el canjeo de sus hijos por dinero como forma de enfrentar la pobreza en la que viven.

Muchos de estos menores, niñas en su mayoría, que son empleadas como criadas terminan en la prostitución en un intento de mejorar sus condiciones de vida. Este es el caso de un gran número de niñas en Paraguay, que comienzan a trabajar en la capital entre los 10 y los 14 años limpiando casas, y normalmente no reciben salario sino que se les paga la comida y los costos de los estudios.

© *Noticias Latin America.*

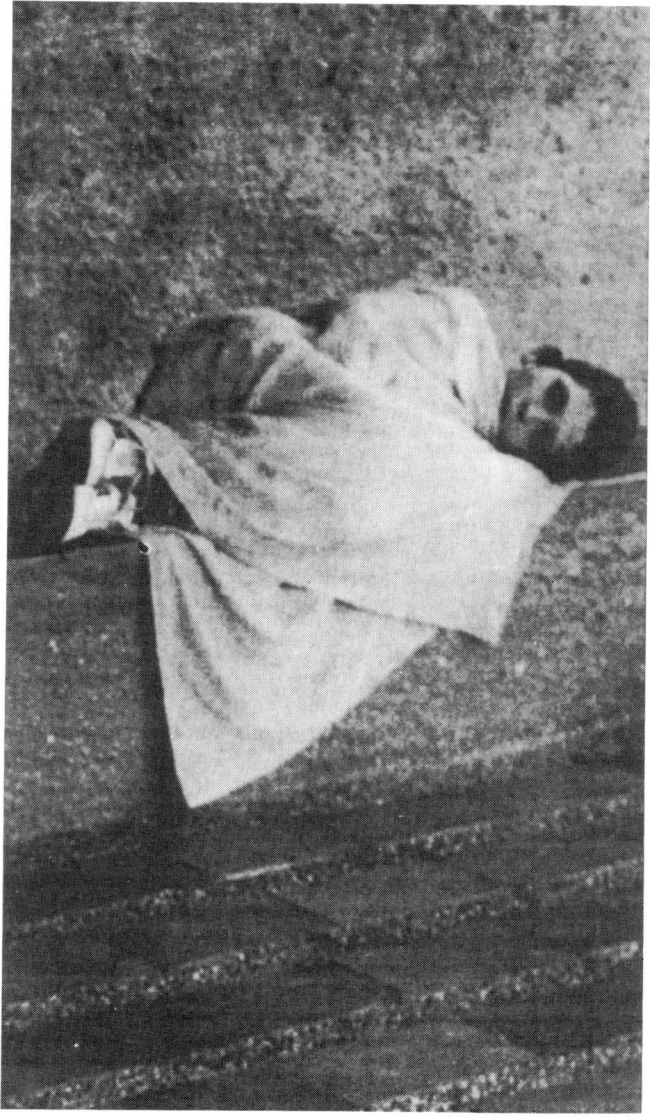

foto: JULIO ETCHART

30

Los marginados E

España Desigual

Fátima Uribarri

La vida de Chelo, extremeña[1] de 24 años, es un rosario de tragedias. Cuando tenía 7 años su madre se fue de casa. Chelo y sus cuatro hermanas pasaron la infancia internas en un centro público, pero ni siquiera terminaron EGB.[2] Los fines de semana iban a casa de su padre, un alcohólico sin empleo, aficionado a zurrarlas.

Las cinco niñas pronto se convirtieron en madres adolescentes. Chelo tuvo a su primera hija a los 19 años, la segunda a los 20, un aborto a los 22 y a los 24 está a punto de parir al que será su tercer hijo. Son hijos de los de la cárcel, donde el compañero de Chelo cumple condena por robo. Y también del incesto, de su unión con el hermano de su madre. Por eso no se han casado: «Somos parientes», explica ella cabizbaja.

La historia de sus hermanas es similar, todas son madres, incluso la menor, de 17 años. A la que peor le van las cosas es a la segunda, que consume los días de su vida en la calle buscando dinero para metérselo en las venas: «Eso es peor que lo mío», comenta Chelo. Y la más afortunada es la tercera, casada con un minusválido que vende cupones de la ONCE:[3] «Por lo menos tienen de qué comer».

Si no fuera por las ayudas que recibe, no podría vivir. Le dan comida en un albergue y sus hijas están tuteladas por la Comunidad de Madrid. Viven en un colegic y Chelo las ve los fines de semana. «Pero no me dejan que las traiga a la chabola».

Chelo vive en un poblado marginal de la periferia de Madrid donde cerca de 600 personas se apiñan en chabolas de madera y cartón. La suya es la mejor, tiene suelo de cemento y un retrete, comodidades de las que carecen sus vecinos, todos emigrantes, la mayoría marroquíes.

Ninguno tiene agua corriente, Chelo tampoco, pero todos tienen luz; la obtienen conectándose a los postes eléctricos. En el poblado huele a basura. Hace calor. Las moscas revolotean alrededor de las nubecillas de polvo que se levantan cuando las mujeres marroquíes van a la fuente a por agua arrastrando con andar cansino sus chanclas de plástico.

Casi todos son ilegales. Los hombres trabajan en la construcción, ellas como asistentas, las casadas, y como internas, las solteras, en casas de familias pudientes. Viven mejor que en su país. La vida es más cara, pero ganan más. Las viviendas son peores, pero no les falta dinero para comer, ni un médico al que ir ni un hospital para parir a los hijos ni un colegio donde educarlos. Ninguno se considera pobre: «Pobre es el que pasa hambre», dice Feduad, marroquí de 18 años.

Los ingresos económicos de los habitantes de este vertedero de basura son bajos, las viviendas insalubres y las condiciones higiénicas nefastas... comparado con el resto de la población española son pobres, pero comparando con sus países, no les va tan mal.

© *Cambio 16.* Foto de Luis Rubio.

Barrios de chabolas proliferan en las ciudades españolas.

---

1 *extremeña*: de Extremadura, conocida como la región más pobre de España.
2 *EGB*: Educación General Básica, la fase obligatoria en la educación de los niños, de seis a catorce años en el antiguo sistema.
3 *La ONCE*: la Organización Nacional de Ciegos Españoles. Organización muy poderosa que además de cuidar de los invidentes, controla varias loterías y organizaciones financieras.

Gitanos

Angel Marín González

En un principio se pensó que los gitanos provenían de Egipto, de ahí que su nombre derive del término "egiptano". En realidad, abandonaron su primera patria en el norte de la India alrededor del año 1000 antes de Cristo. Y llegaron a Europa a principios del siglo XV a través de Asia

RELIGION

Hay gitanos de las diversas religiones: católica, protestante, judía, ortodoxa, musulmana, ... Dios adopta diferentes denominaciones dependiendo del país. En romaní se nombra Baro Devel, que significa «gran dios». Las misas y plegarias se rezan tanto en el idioma gitano del clan que se trate como en el idioma del país en que se encuentre.

Capilla gitana en Canarias.

Más allá de Egipto

La expresión «gitanos» se acuñó a su llegada a Europa a principios del siglo XV tras un largo peregrinaje —a través de Asia Menor, Oriente Medio y Europa del Este— interrumpido por largas permanencias en Grecia, la antigua Persia y Turquía. Aquellos pioneros, al ser interrogados sobre su procedencia, decían venir del Pequeño Egipto, y por eso se les llamó egipcianos o egiptanos en España; «egypcians», «egypcions» o «gypsiles» en Inglaterra; «egytiers» o «gitanaers» en Holanda; «evgjit» en Albania; «yift» en Grecia. Sin embargo, ninguna investigación sostiene la hipótesis de que hubieran pasado a Europa a través de Egipto. Esta confusión se explica por el hecho de que en la Edad Media la zona geográfica comprendida por Siria, Grecia, Chipre y los territorios vecinos se conocía como el Pequeño Egipto. Algunos les llamaron cíngaros por creerles descendientes de una antigua secta herética, los atsingaros, con reputación de magos y adivinos. En otras partes se les llamó bohemios por haber llegado del reino de Bohemia, donde según cartas que presentaron fueron acogidos por el emperador Segismundo. En Finlandia o Suecia fueron designados por su aspecto físico mustalainen (o tártaros negros). Los gitanos ponen a la sociedad que les rodea frente a sus fobias y sus pesadillas. Por eso se ha dicho que su patria es «la cuna de las verdades y las fábulas de Occidente».

Aprender a Sobrevivir

La historia de los gitanos comienza con su llegada a Europa. Antes, por no constituir un grupo migratorio homogéneo, no pasaba de ser un pueblo nómada más en los caminos de la prehistoria. Con su llegada a tierras europeas, acogidos al principio y repudiados después, se convierten en desarraigados sin ley, lengua e historia que intentan establecerse con sus costumbres y diferencias sin conseguirlo. En Francia, España o Hungría, los gitanos recibieron carta de nacionalidad hace muy poco, aunque sólo nominalmente, en aquellos países donde residen. Han aprendido que las clases de supervivencia son el cumplimiento de las leyes blancas (si con ello no perjudica a los suyos), el disimulo (adopción de la lengua y la religión que se le imponga) y la huida (en el caso extremo en que peligre su libertad o su vida). Saben que hacerse notar equivale a hacerse rechazar y castigar, y cuando se presentan lo hacen bajo la máscara que la gente quiere contemplar. Se disfrazan entonces de artistas y de echadores de la buenaventura. Como dice Voltaire en el capítulo dedicado a los bohemios egipcios de sus «Essai sur les moeurs»: «Los hombres quieren divertirse y ser engañados». En los años que median entre 1405 y 1430 los grupos gitanos se dispersan por toda Europa Occidental: Alemania (1407), Suiza (1418), Francia (1419), Países Bajos

(1420), Italia (1422), España (1425) y Polonia (1428). En el siglo XVI comienzan la exploración de Europa del Norte: Escocia (1512), Dinamarca (1506), Suecia (1512) y Noruega (1540). En Rusia entran en 1501 y sólo llegan a Siberia en 1721.

© *Cambio 16*. Fotos de Luis Rubio, Pablo Neustadt, Angel Carchenilla.

PERSEGUIDOS

* EN FRANCIA, los gitanos nómadas deben somertese a inspeciones de su carné de circulación cada tres meses
* EN ALEMANIA, en 1992 un acuerdo entre Bonn y Bucharest dispuso la expulsión de 30,000 gitanos a` Rumanía
* EN RUMANIA fueron perseguidos a lo largo del siglo XIX y primera mitad del XX. Han sufrido la esclavitud hasta 1929. Ceaucescu llevó a cabo una política de asimilación y asentamientos obligatorios

La población gitana se duplicará en la próxima década.

LA CUNA INDIA

El análisis lingüístico de la lengua gitana revela que el romaní Ohib es una lengua hindú, pariente próximo al sánscrito, del que procede al igual que las lenguas habladas hoy en India: hindú, bengalí, panjabí, gujratí, rajasthantí...

En Rumanía vive la mayor población gitana de Europa.

LENGUAS Y DIALECTOS

ROMANO-CIB O GITANO: desciende del sánscrito. Lengua configurada en el siglo X, se fue fragmentando en variantes a medida que los gitanos se dividieron en pequeños grupos y asentándose en diferentes países.
PRINCIPALES DIALECTOS:
BALCANICOS: Influidos por el turco y las lenguas balcánicas.

VILAX: Significa «valalo» (se refiere a la zona rumana de Valaquia) y tiene una fuerte influencia de la lengua rumana.
CARPATICOS: Marcada influencia de las lenguas húngaras y checa.
SINTO: Influido por el alemán.
CALO: Dialectos transformados en argots. Se hablan sobre todo en España y Portugal.

POBLACION EN EUROPA

Las razones de Estado hacen que algunos países minimicen el número de sus gitanos o nieguen su existencia en su territorio para facilitar una política de asimilación y negar los problemas culturales. A esto se añade que, cuando se hace un censo, la mayoría de los gitanos no se declaran como tales, principalmente por prudencia. Estos datos, corresponden al periodo 1990-92. Es muy difícil un estudio exacto de la población gitana ya que mantiene el crecimiento vegetativo más alto del mundo: se duplicará en la próxima década.

ALEMANIA	320.000-350.000
AUSTRIA	40.000-50.000
BELGICA	50.000-60.000
BULGARIA	600.000-700.000
CHECOSLOVAQUIA	550.000-600.000
DINAMARCA	25.000-30.000
ESPAÑA	1.400.000-1.500.000
FINLANDIA	15.000-20.000
FRANCIA	800.000-900.000
GRECIA	350.000-400.000
HOLANDA	60.000-70.000
HUNGRIA	700.000-800.000
IRLANDA	30.000-40.000
ISLANDIA	800-1.000
NORUEGA	15.000-20.000
POLONIA	300.000-350.000
PORTUGAL	800.000-900.000
REINO UNIDO	300.000-350.000
RUMANIA	2.100.000-2.200.000
SUECIA	70.000-80.000
SUIZA	90.000-100.000
ANTIGUA UNION SOVIETICA	4.500.000-5.000.000
EX YUGOSLAVIA	1.700.000-1.800.000

La droga calé

Juan Fernández

La droga ha condenado aún más a la miseria a los gitanos que sobreviven en los poblados marginales. Sólo unos pocos, como el «Tío Casiano», lograron hacer negocio con el narcotráfico

La explanada que hay frente a la casa de Emilio Pardo está vacía desde hace 15 días. Buena señal: quiere decir que la chatarra[1] que había acumulado durante semanas, ya se ha vendido y las ganancias están en el bolsillo. Durante un tiempo habrá para toda la familia: la mujer, los ocho hijos y la nuera. Todos, en las tres habitaciones que tiene en su casa alquilada del barrio gitano de Cañaveral, en Vicálvaro (Madrid).

Habrá para ir tirando. Y cuando no quede chatarra, vendrá el tiempo de la patata y se marchará la familia entera a La Rioja a recogerla. O se irán al tomate, o a la aceituna, o a la remolacha. Pero siempre habrá para vivir. Emilio está feliz.

Hasta que se le nombra una palabra:

—¿Droga? Tuvo que salir, hombre. No me hable usted de droga, por lo que más quiera.[2]

Emilio Pardo, gitano de 47 años, perdió a uno de sus hijos hace poco tiempo por culpa de una sobredosis de heroína que él ahora maldice. Antes también la maldecía, cuando vivía en el poblado chabolista de Los Focos, a pocos kilómetros de Cañaveral, y él trabajaba la chatarra mientras veía aparecer por los caminos de tierra a gitanos vecinos suyos a bordo de suntuosos Mercedes que habían conseguido camelar con el negocio de la droga.

Lo que no le dio tiempo a ver es cómo su hijo, «por inocente», se había acercado a esos gitanos vecinos suyos y había empezado a trapichear con ellos mientras se enganchaba a aquel polvo. «En la casa nos enteramos tarde, cuando el pobrecico tenía ya el cuerpo muy castigado. No pudimos hacer nada», recuerda Emilio.

De haberlo sabido antes[3], el respeto que todo *calé*[4] le debe a un gitano mayor, y que su hijo le profesaba a él, habría servido para sacarlo de aquel ambiente. El respeto: esa era su única arma. Pero cuando quiso usarla era demasiado tarde. Su hijo ya no era capaz de entender el mensaje del tradicional dicho gitano: «Si yo estuviera en el lugar de mi viejo, haría lo que él hace. Y si mi viejo está en el lugar mío, él haría lo que yo hago».

El respeto también fue el arma que *los tíos*, los más viejos de las familias más importantes de cada comunidad gitana, utilizaron para detener el tráfico de droga en 1991 en el mismo poblado de Los Focos, donde Emilio vivía.

Alzaron su voz el *Tío Aquilino* y otros 30 viejos más de varios poblados de la periferia madrileña. «Viejos sí, pero patriarcas no. Eso de patriarcas se lo han inventado ustedes, los payos[5]. Nosotros no conocemos más patriarca que Noé», advierte Romualdo, un gitano castellano de Valladolid.

Esa fue una de las mentiras que se contaron sobre los gitanos en 1991. La otra fue la relevancia que de la noche a la mañana recibieron algunos personajes de esta comunidad cuando los focos de las cámaras de televisión comenzaron a apuntar sobre sus chabolas.

El patriarca

Como el *Tío Casiano*, un gitano de 70 años, nacido en Extremadura y criado en La Celsa (Madrid). El fue uno de los que más fuerte gritaron la indignación de los mayores por la venta de droga y aquel gesto suyo le sirvió para que empezaran a llamarle «el rey de los gitanos» y «patriarca de los patriarcas». Su popularidad tocó techo el día que llegó a fotografiarse al lado de la Reina Sofía en la presentación de una campaña pública contra la drogadicción.

Sin embargo, cuando Manuel Silva Vázquez —nombre con el que figura en el registro civil de los payos el *Tío Casiano*—se presentó en Los Focos a traer el recado de que la droga había que pararla, los gitanos de este poblado no le dejaron pasar: «La

---

1 *chatarra*: la venta de chatarra es el negocio tradicional de los gitanos. La venta de drogas parece haber reemplazado la venta de chatarra recientemente.
2 *por lo que más quiera*: en el nombre de lo más amado.
3 *de haberlo sabido antes*: si lo hubiera sabido antes.
4 *calé*: gitano.
5 *payo*: gente no gitana.

droga ya la hemos parado nosotros mismos por orden de nuestros viejos. No venga usted ahora a dárselas de bueno, que todos nos conocemos ya», le espetaron nada más cruzar[1] las primeras chabolas.

Desconfiaban de él, porque conocían su otra cara. Sabían que el mismo personaje que salía en la tele como justiciero estaba también implicado en oscuros negocios próximos al narcotráfico, viajaba en Mercedes de muchos millones y a veces había llegado a hacer de confidente para la Policía.

Por eso, cuando se conoció la noticia de que al viejo Casiano, a su hijo y a su sobrino los habían pillado cargados de droga, billetes y joyas, hubo reacciones para todos los gustos en Los Focos: «Algunos se quedaron sorprendidos, pero muchos dijeron que aquello se lo esperaban. Hay incluso quien se ha alegrado», reconoce Pedro, asistente social que trabaja con esta comunidad.

Cinco años después de que al *Tío Casiano* lo nombraran oficiosamente «patriarca mayor de los gitanos», la vida ha cambiado poco en los poblados chabolistas madrileños que él pisó repartiendo respeto.

En 1991 ese respeto funcionó, y se dejó de vender droga. Pero sólo durante un mes. A las pocas semanas, los yonquis de Madrid regresaron a los poblados con el síndrome de abstinencia asomándole a los labios, pero acudían a aquellos límites de la ciudad con la misma serenidad con que un ama de casa va al supermercado. Saben que allí van a encontrar lo que buscan.

En los Focos, hoy reducido a una cuarta parte por la construcción de la M-40[2] y nuevos barrios de viviendas, ya no se trapichea con droga. Lo dicen

LA FAMILIA DEL TIO JOPO. Santiago Utrera, «El Jopo», promete que matará «a tiros» al camello que vea delante de su chabola. Ocho de su familia han muerto por la droga.

TIO CASIANO (derecha). Cameló a los Reyes, Policía, políticos y gitanos. Está en prisión.

Fotos de Luis Rubio

los mismos gitanos, y lo confirman los asistentes sociales que diariamente conviven con ellos:

—Por aquí ya no verás a los yonquis, porque no encuentran quien les venda. Lo han dejado. Aquí se trabaja lo de siempre: la chatarra, el cartón y la venta ambulante. Lo que han sido los negocios tradicionales de los gitanos hasta que apareció la maldita droga.

© *Cambio 16.*

---

1 *nada más cruzar:* en cuanto cruzó.
2 *La M40:* autovía madrileña de circunvalación.

Mendicópolis

Pablo Ordaz

En España hay una ciudad que no figura en los mapas. Tiene 55.000 habitantes, tantos como Ávila o Zamora. Pero sus vecinos no tienen derechos y vagan de un lugar a otro, perseguidos por los alcaldes de las ciudades que sí aparecen en los mapas. Son mendigos.

En Santander. El Ayuntamiento cántabro ha tenido por norma, desde hace años, detener a los pobres que ejercían la mendicidad, requisándoles las monedas que llevan consigo. Las ordenanzas han sido derogadas recientemente, después de que el Defensor del Pueblo instara a su anulación.

En Cartagena y Murcia. En ambas ciudades las autoridades municipales han ejercido una cruzada contra la mendicidad, requisando limosnas o sancionando a los que pedían, basándose en ordenanzas municipales que según los expertos podrían estar enfrentadas al ordenamiento constitucional. Murcia ha derogado su ordenanza en las últimas semanas.

En Alicante. La llegada del PP hizo posible poner en práctica algo que los empresarios de la hostelería ya habían solicitado. Este Ayuntamiento fue pionero en un plan de erradicación de la mendicidad, consistente en impartir a los afectados cursillos de jardinería y hostelería para reinsertarse.

Las Palmas. A finales del verano, el alcalde, José Manuel Soria, del PP, denominó Operación Puente de Plata contra la Pobreza la decisión de enviar a la Península a los mendigos en avión.

Nadie sabe dónde queda la ciudad de los mendigos. Allí nunca ha estado un médico ni ha llegado un tren, tampoco se ha celebrado un bautizo ni llorado a ningún muerto. La ciudad de los mendigos no figura en sitio alguno, y sin embargo tiene más habitantes que Avila y algunos menos que Zamora. Más de 55.000 españoles, según Cáritas,[2] no tienen absolutamente nada: ni dinero para sobrevivir ni nadie a quien contárselo. La mayoría de los ayuntamientos sólo les dejan pernoctar unos cuantos días al año en los albergues municipales; en su afán por quitárselos de encima, les pagan un billete de autobús o de tranvía para que se marchen. El Defensor del Pueblo,[3] alarmado por el maltrato generalizado a los indigentes, acaba de exigir a los alcaldes que dejen de perseguirlos.

El problema es tan viejo como el país. En 1443, Carlos VII se otorgó el derecho de prender a los mendigos de Francia y mandarlos a galeras;[4] cinco siglos y medio después, los más pobres entre los pobres siguen huyendo de los guardias, formando una procesión interminable de un extremo a otro de España. En el argot de los albergues y los comedores de caridad, en el lenguaje de los hombres de las chaquetas usadas y las mujeres que duermen en las estaciones, se conoce por carrilanos a los que caminan sin cesar. Unos cojeando, otros con el juicio perdido, la mayoría con un pasado en el que se ordenan en fila india los fracasos familiares, los problemas psíquicos y la adicción al vino barato y la mala yerba.[5] Hace sólo unos días, este periódico tuvo acceso a un informe confidencial del Defensor del Pueblo. En él se advierte: "Desde hace dos años se viene practicando una política tendente a erradicar la mendicidad". Y se denuncia: "Muchos alcaldes siguen utilizando ordenanzas municipales inspiradas en valores morales y éticos antidemocráticos, claramente inconstitucionales".

—Vayan pasando, que hoy hay lentejas.

Una de la tarde del pasado jueves. En Santander, 89 indigentes —la administración los llama transeúntes, quizá para quitarle hierro al asunto— comen lentejas y yogures a punto de caducar en un centro de las Hijas de la Caridad.

Sor Teresa, una monja que lleva 17 años entre ellos, dice que muy pocos consiguen salir de un pozo tan oscuro:

—No se llega a mendigo de la noche a la mañana. La caída es muy lenta, se va rompiendo con todo, con el trabajo, la familia, los amigos... Muchos padecen problemas mentales. Los indigentes no se dan cuenta de que lo son hasta mucho después de serlo.

Martín Perales Cuadro dice que él ni está loco ni es un pordiosero. Si se encuentra así —viviendo en el albergue de Santander y alimentándose de la caridad— es por culpa de un mal de ojo:

—Mírame bien a la cara. ¿Me parezco a Jesucristo o no me parezco a Jesucristo? Yo creo

---

1 *mendicópolis*: ciudad de los mendigos; (griego "polis" = ciudad).

2 *Cáritas*: organización caritativa que cuida de los indigentes.

3 *el Defensor del Pueblo*: cargo para el que protege los derechos de los ciudadanos (corresponde a la institución británica "Ombudsman").

4 *mandarlos a galeras*: en aquella época fue un castigo normal para los criminales y vagabundos tener que servir al Rey en la galeras.

5 *la mala yerba*: "mala yerba nunca muere" se refiere a a la gente de mal vivir.

que fue por eso por lo que alguien me miró mal. Empecé a oir ruidos extraños de cascabeles, sentí que una cabeza muy rara me salía del cuello de la camisa. Supe que era el demonio por los consejos de una bruja buena. Me dijo que quemara la camiseta que llevaba, una muy bonita del grupo de rock AC/DC, y de las cenizas surgió un cuervo negro que en realidad era Lucifer. Ella misma bendijo un poco de agua y me mandó que tomara tres tragos cada mañana en ayunas. Ya estoy mejorcito. Quiero ir a Italia, porque me han dicho que allí mataron a Cristo; la bruja buena me dijo que sólo asi podré quedar libre. Estoy seguro de que me echaron el mal de ojo porque me parezco a Jesucristo Superstar.

Martín Perales tiene 40 años y está solo. Sus padres —emigrantes andaluces en Cataluña— y dos de sus 14 hermanos ya murieron: otros están casados; él, en cambio, decidió probar suerte y trabajó de cocinero en Canarias. De allí se tuvo que marchar por culpa del mal de ojo. Ya lleva tres semanas durmiendo en el albergue municipal de Santander. Y si no fuera porque sor Teresa lo tiene bajo su custodia —una herida en una pierna le obliga a andar con muletas— ya tendría que haber abandonado la ciudad. Es el destino de los vagabundos. La danza constante de un lugar a otro.

Natividad Casanova trabaja en la sede central de Cáritas en Madrid. Conoce las historias de muchos indigentes y no se anda con tapujos para calificar la actuación de los ayuntamientos:

—Su afán es quitárselos de encima cuanto antes. Les ofrecen unos días de albergue, algo de ropa y un pasaje de tren o de autobús para que se vayan. En algunos casos los ponen en el límite de la provincia y que se las apañen. Es la política de billete y carretera y manta.

© *El País.*

Los marginados I

Limosna
Manuel Vicent

Ayer a las diez de la mañana estaba esperando un taxi en la esquina de la calle de Mateo Inurria junto a un estanco. De pronto se detuvo muy cerca, en segunda fila, un Mercedes 600 metalizado, esplendoroso. De ese cochazo se apeó un caballero encorbatado, de sienes plateadas, que vino hacia mí con la mano tendida y con mucha autoridad me pidió 100 pesetas. Las necesitaba para comprar un puro habano y esa cantidad era precisamente la que le faltaba. Yo no llevaba suelto. En ese momento el Mercedes ya había creado un pequeño atasco y algunos pitidos nerviosos habían comenzado a sonar, pero el elegante caballero quería fumarse un Montecristo[1] y yo me dispuse a ayudarle. Por la acera pasaba una señora con una cesta de la compra. Ni siquiera volvió el rostro cuando le rogué una limosna. Tampoco me atendió un pintor que

1 *un Montecristo*: tipo de puro de Habana.

en su bolso con cierto apuro y al no encontrar ninguna moneda se avino espontáneamente a colaborar. En ese instante ya éramos dos los que pedíamos limosna en la acera mientras aquel personaje, de pie junto al estanco, esperaba el resultado sin perder la elegancia. Nadie tenía 100 pesetas a las diez de la mañana en la calle de Mateo Inurria de Madrid, si bien algunos ciudadanos aceptaron convertirse en mendigos espontáneos en medio de un atasco que llegaba hasta la plaza de Castilla. Se presentaron dos guardias motorizados. Preguntaron qué pasaba. Les dije que simplemente aquel señor de allí quería fumarse un puro Montecristo. Al oír esto, los guardias desviaron el tráfico como una solución provisional. Uno de ellos se quitó las gafas negras y con la mirada suplicó al caballero que tratara de aguantarse el capricho. Éste negó con la cabeza. Entonces los guardias comenzaron también a pedir lismosna.

llevaba una escalera al hombro, ni una madre rezagada que arrastraba a un niño a la guardería. El clamor de los coches junto a los primeros insultos que salían por las ventanillas acuciaban el aire de la calle, donde ya se había atravesado un autobús. Una joven con pinta de ejecutiva escarbó

© *El País*.

Los marginados √

Granada 96, licencia para pedir

Alejandro V. García

Los mendigos siguen en sus esquinas al margen de la prohibición del Ayuntamiento

Pedro toca la flauta dulce desde hace cuatro años ante la catedral de Granada. Pedro es un tipo desgreñado que mira y habla desde el fondo de una madeja inextricable de cabellos grasientos y trenzados. Como toda la comunidad de mendigos, malabaristas, mimos y músicos callejeros que duermen en las cuevas del Sacromonte[1] y que cada mañana ejecutan sus habilidades en una esquina hasta que colman la gorra de las monedas, ha oído hablar de la intención del Ayuntamiento de Granada de costear una pensión a los necesitados que acudan al calor generoso del Mundial de Esquí[2] que se inaugura hoy, pero no le da importancia.

Ni han venido mendigos nuevos en los últimos días ni ha aumentado el celo policial. Por eso sonríe detrás de la espesa maraña de pelos.

Pedro es un mendigo, pero carece de las dos licencias que la Policía Local puede exigir a un pobre que, como él, toca la flauta dulce: la licencia de mendicidad y la de músico ambulante. Sin embargo, no le da importancia. Pedro es un tipo que goza de cierta notoriedad,

1 *las cuevas de Sacromonte*: cuevas en que, tradicionalmente, vivían los gitanos. Una atracción turística hoy en día.

2 *el Mundial de Esquí*: el campeonato mundial que tuvo lugar en Granada en febrero de 1996.

de esa notoriedad inservible que acuñan los pedigüeños que pasan muchos años recostados en una misma esquina. "Otros compañeros sí tienen permiso de músicos, pero yo no", explica con una altivez resignada y luego exige unas monedas a cambio de la conversación y un par de fotos.

Acoso a los pobres

El acoso contra los pobres en Granada es de momento puramente teórico. Sin embargo, la teoría municipal de la pobreza sí es verdadera. Hace dos semanas, el alcalde, Gabriel Díaz Berbel (PP),[1] presentó ante los periodistas un catálogo con las iniciativas extraordinarias adoptadas con motivo del Mundial de Esquí. Las había de dos clases: relativas a la seguridad y relativas al embellecimiento.

Junto a la relación de flores que iban a ser plantadas en los taludes de las carreteras y en las plazas y las medidas higiénicas para bruñir las calles aparecía una partida de dos millones de pesetas para alojar a los pobres en hoteles y pensiones.

Una alarma se encendió en los ojos de los informadores. Cuando apareció la noticia en los diarios, unos interpretaron que el alcalde quería guardar debajo de la alfombra la pobreza durante los 15 días que dura la competición, y otros, menos propensos al escándalo, se preguntaron perplejos por qué el Ayuntamiento premiaba con una plaza de hostal a los mendigos que se establecieran en Granada durante el campeonato. "La ciudad se va a llenar de pobres gracias al Ayuntamiento", comentó un responsable de Cáritas. En ningún caso se entendió la previsión de la alcaldía hacia la hipotética riada de pobres.

Los previsibles vagabundos no se han presentado, ya sea por falta de interés, o porque no les han llegado noticias del ofrecimiento municipal, o porque vienen de camino. Sin embargo, las reacciones contra el equipo de gobierno han sido unánimes. Ayer,

la Asociación Pro Derechos Humanos de Andalucía, la Plataforma del 0,7% y el colectivo Acción Alternativa convocaron una concentración contra las medidas "para alojar mendigos y vagabundos". Los partidos de la oposición han hablado de "estupidez".

Según el delegado de Tráfico y Protección Ciudadana, César Diaz, el Ayuntamiento no quiere limpiar la ciudad de vagabundos, sino que, ante la tan previsible como improbable aparición de "legiones de pobres", el municipio quiere impedir que duerman al raso. Los vagabundos autóctonos no duermen al raso, aunque eso no significa que no sufran el frío de febrero. Varios centenares —la cifra es variable— se acomodan en las cuevas del Sacromonte, a veces meros bocados en la roca.

Mariano José Martínez, *El Largo*, ha sido el único mendigo en reaccionar contra el alojamiento obligatorio de los pobres. El Largo, que es un mendigo leído y hasta titulado en Ciencias Físicas por una universidad de La Habana, presentó una denuncia en un juzgado. Mariano es un pobre con conciencia de clase. Estuvo afiliado al partido comunista en 1987, pero como no le gustó, dos años más tarde entró en el PP. En 1992, cuando los socialistas gobernaban en Granada, presentó otra demanda contra "todos los poderes públicos" ante el Defensor del

1 *PP*: el Partido Popular, partido político de derechas.

Pueblo. Sin embargo, ha sido ahora cuando ha defendido con más vehemencia "la libertad de dar y recibir".

Mariano, cuando escasean los dineros, toma el autobús de las siete de la mañana y se presenta en la capital. Mariano, que lee la Biblia y la Liturgia de las Horas, mendiga en la iglesia de san Juan de Letrán y vive en Pinos del Valle, a unos 40 kilómetros de Granada. En la puerta de su casa hay una placa rudimentaria y enigmática en la que se presenta como "Educador de FPA".[1] El vecino que atiende al periodista confirma que no hay nadie en casa. "Mariano sale mucho de viaje", agrega con seriedad.

Mariano, sin embargo, es una excepción. A la mayoría de los pobres y músicos ambulantes de Granada no les ha afectado el debate suscitado sobre ellos mismos. Es el caso del músico anónimo que rasguea una guitarra sentado en el suelo y apoyado en el edificio de la Curia Arzobispal.[2] El músico anónimo asegura que tiene licencia de músico, pero no de pobre, y que no ha pagado nada por ella a causa de que no es perenne, sino caduca. El guitarrista, que tiene como ayudante un joven extranjero que extiende la mano en su nombre a los peatones, añade que en 1986 acompañaba a un grupo de rock que interpretaba canciones obscenas, pero luego se cansó. No ha tenido tampoco problemas con la policía y no quiere responder a más preguntas.

Los marginados K

Fuera Hace Frío

Maruja Torres

Diciembre llegó a mi calle, como siempre, no con el calendario sino con los garbosos pasodobles[3] que un par de músicos ambulantes, madre e hijo, empezaron a desgranar en estéreo hasta inundar el barrio. Así ocurre cada año, pero hoy, por primera vez, me he fijado en ellos. En sus caras. Esa terrible sensación de frío crónico que cubre los rostros de quienes no transcurren su jornada laboral en el interior de edificios calefaccionados, de quienes no disfrutan del alivio, por las noches, de recogerse en las entrañas de un hogar confortable. El frío de la pobreza y la precariedad, aliado con los alimentos siempre escasos y nunca lo bastante nutritivos, trabaja a gran velocidad la piel: deforma y marca. De modo que la mujer, que seguramente cuenta sólo algo más de la mitad de mi edad, y el chiquillo, de apenas 10 años, parecen mis ancestros. O, más bien, dos fantasmas. Dos confiados fantasmas que anticipan la Navidad y pasan el platillo entre el vecindario, proclive estos días a la beneficencia.

Un año más, la caridad adornará nuestro árbol para que no se nos atraganten el pavo ni el besugo, ni la intermitente orgía de consumo a la que nos entregaremos hasta que terminen las fiestas. Pero cada vez son más los rostros estragados por las carencias que montan guardia en mi barrio, en todos los barrios, a la puerta de los supermercados rebosantes. Casi siempre sorteamos con habilidad estos obstáculos que la realidad opone a nuestro jolgorio, depositando en sus manos las propinas que sirven de coartada a nuestras innecesarias compras, a nuestra concentrada y soluble alegría de almanaque.[4] Y, sin embargo, nos hemos merecido estos días de loco dispendio y venda en los ojos: ha sido un año de trabajo, de dificultades. Y dan tanto gusto las celebraciones continuadas que alfombran el camino a la Navidad. Cenas y copas con los colegas, llamadas de antiguos compañeros que se acuerdan de una por estas fechas, las vísperas achispadas de más vísperas achispadas que dejarán en el recuerdo el tarareo de viejas canciones. La

---

1 *FPA*: Formación Profesional Acelerada.
2 *edificio de la Curia Arzobispal*: edificio del siglo 16, sede de la Universidad de Granada hasta 1679.

3 *pasodoble*: baile típico español.
4 *almanaque*: calendario popular.

copa que dan los jefes, la recuperación de una querida amiga que recibe en su casa a quienes la hemos calentado con nuestro cariño durante las horas difíciles de una enfermedad. Todo esto es hermoso y no debería avergonzarnos disfrutarlo.

Sucede, sin embargo, que cada vez resulta más difícil sustraerse, aunque sea por unos días, al sentimiento de que gran parte del mundo —lejos de aquí, y también tan cerca como mi pareja de músicos itinerantes— vive en estado de calamidad permanente. Por eso, junto con el pavo y las uvas,[1] cada año tragamos verdades más amargas. No hablo por hablar. Nunca como ahora había recibido tantas cartas de tantas organizaciones que piden ayuda para casos desesperados. Nunca habíamos tenido, tampoco, tanta información sobre la cara oscura de nuestro sistema. Si fuera creyente, pensaría que Jesús no va a nacer este año. Y, sin serlo, pienso que Jesús está muriendo en todos los Gólgotas[2] del planeta: muere antes de nacer, este Jesús que los no creyentes a lo mejor llamamos esperanza.

Como acaba de escribirme un amigo lector argentino: "Che, Maruja, coincidirás conmigo en que la cosa está medio jodida,[3] ¿no?". Pues sí, Roberto, medio jodida, y te quedas corto. Así que sería de agradecer un poco menos de ostentación, un poco menos de griterío, un poco más de verdad en las fiestas que vienen, aunque sólo sea porque el corazón, capaz de amar sin fronteras, no tiene gran cosa que celebrar, más allá de la estricta felicidad íntima de estar con los allegados queridos. En las afueras de nuestro territorio de afectos inmediatos reina un caos manifiesto, un frío atroz que hiela el aliento de los villancicos.

1 *el pavo y las uvas*: símbolos de las fiestas de Navidad y Año Nuevo.
2 *Gólgota*: lugar en que murió Jesucristo.
3 *la cosa está medio jodida*: frase vulgar que significa que todo está a punto de salir mal.

Por lo menos Fabián sobrevivió
Rosa Montero

Leí la noticia hace algunas semanas: un tipo se había caído desde lo alto de uno de esos viejos y destartalados camiones que, por las noches, van recogiendo cartones y apilándolos en inestables torres. El hombre se partió la cabeza y falleció en el acto; debía de tener entre 25 y 35 años y era, él mismo lo había dicho, ecuatoriano. Sus compañeros de oficio no sabían cómo se llamaba: llevaba tres días trabajando como cartonero y en todo ese tiempo nadie se había preocupado de preguntarle el nombre. Como además no tenía papeles, se convirtió en un cadáver anónimo. Probablemente todavía permanezca congelado en el depósito, pura materia orgánica sin deudos ni apellidos.

Eso es lo más desolador de este pequeño drama ciudadano: la pobreza extrema de la víctima. Tan mísero era que ni tan siquiera disponía de su propio nombre. Sin duda se llamaría de algún modo, y probablemente hubo alguna vez una madre o una novia que pronunciaron ese nombre con mimo y embeleso. Pero luego, cosas de la vida, perdió la identidad por el camino, junto con sus papeles, su país, sus

41

amigos y el respeto de los demás hacia su persona. Me pregunto cómo se dirigiría a él el conductor del camión durante las largas noches de trabajo: "Eh, tú", supongo que le diría; "eh, tú, echa esos montones más hacia atrás". El pobre Tú, nuestro muerto desconocido, cobraba mil pesetas por jornada.

La víctima era ecuatoriana, probablemente aindiada y con la piel cobriza. Nada de esto es casual: en nuestro país, que presume de desprejuiciado y no racista, las personas con el color subido tienen muchas más posibilidades de acabar perdiendo hasta su propio nombre. Y aquellos que consiguen no perderlo han de pagar un precio.

Como Fabián. Fabián debe de andar por los 25 años y proceder de algún país andino. Tiene los ojos chinos, fuertes pómulos. Trabaja de camarero en un populoso bar-restaurante, y sé que se llama Fabián porque, en la media hora que tardé en tomarme una caña y un pincho, todos los otros camareros usaron su nombre hasta desgastarlo.

"¡Fabián, dos cafés cortados y dos solos!". "¡Fabián, un té con leche y dos zumos de naranja!". "¡Fabián, una porción de tarta de manzana y un crocanti!". La barra era muy larga y Fabián trotaba de acá para allá todo apurado. Uso el verbo trotar literalmente: es el primer camarero al que he visto realizar su trabajo entre carreras. Él era la única persona que atendía la barra, mientras que fuera había como cuatro o cinco camareros: todos españoles, cincuentones. "¡Fabián, un botellín de agua mineral!". Los cincuentones berreaban sus órdenes deleitándose en el grito, relamiéndose con la palabra "Fabián" como si se tratara de un caramelo: no era en absoluto necesario repetir cada vez el nombre del muchacho, pero ellos lo hacían con sorna achulapada, como desquitándose con él de sus muchos años de trabajo, de las impertinencias de los parroquianos, de las frustraciones del vivir.

"¡Fabián, un café americano, dos poleos, tres cortados, uno con leche!" Acodado en la barra, solo, adiposo y algo beodo, un parroquiano de aspecto embrutecido se sumaba a la chufla general y, cada vez que los camareros voceaban sus pedidos, él cambiaba las cantidades para intentar confundir al chico: "¡A ver, Fabián, tres cafés americanos, cuatro poleos, un cortado, dos con leche!". Es tan fácil sentirse alguien grande humillando al más débil, a un cholito cobrizo, a un marroquí retinto, a una colombiana de tono tostado: sobre estas miserias se edifica el racismo. Menos mal que Fabián nunca se equivocaba: sudaba y trotaba, sudaba y servía, siempre atinadamente. Y, al contrario que nuestro ecuatoriano, por lo menos él sobrevivía.

© *El País Semanal.*

Mendigos

Jesús Fernández Santos

El tren está a punto de partir; los viajeros no se han sentado aún, buscan huecos en donde colocar revistas a la espera del rumor de la máquina que anuncie la salida. Es en estos breves instantes, y a veces un poco antes de que el tren arranque, cuando se abre la puerta del vagón y una chica aparece en el umbral. No es nada de particular, ni pobre ni de mediano pasar; viste niqui y vaqueros, ni muy viejos ni recién estrenados, hoy que la arruga es bella.[1]

La chica, desde la puerta, echa un vistazo a los viajeros, calculando cuánto dinero llevarán encima y hasta dónde llegará su caridad. Luego, con cierto aplomo arrogante, comienza su sermón: "Señores", dice, "nos encontramos sin trabajo". No explica quién la acompaña en el temido desempleo, si marido tradicional, amigo moderno o compañero. "Pedir no es ninguna deshonra cuando se necesita", añade en el mismo tono, "por eso les rogamos nos ayuden". Y se queda plantada, mirando el interior del vagón como los revisores contando a los viajeros. Éstos, tras la primera sorpresa, han echado mano al bolsillo o a la cartera: algunos, deseando no quedar como avaros; otros, porque la historia que cuenta la chica podría ser verdad.

Con aire altivo y a la vez profesional, se desliza a lo largo del pasillo, recoge sus limosnas y desaparece. A poco, el tren arranca y cruza ante un mar de barracas donde viven gitanos. Muy de mañana, se lavan y peinan sus mujeres, que, con el inevitable niño en brazos, perpetúan una tradicional mendicidad. Una vez en la ciudad, eligen calle y barrio donde sembrar su eterno lamentar, su voz quebrada, como siglos atrás. Ya se sabe: se trata de la leche del niño, o bien que estalló la bombona de butano o cualquier otra calamidad. Si el donante es ingenuo y pregunta qué dan a cambio, se irritan, sus ojos echan fuego e incluso alguna amenaza con llamar a la policía. Bastante favor hacen aceptando un dinero que no sacará de pobres ni a ella ni al niño, que llora agarrado a su pecho.

Otra vez son dos adolescentes menores de edad las que desde la acera hacen señas intentando que los coches se detengan, dispuestas a cualquier cosa, menos ésa que reservan para el novio, que de día duerme y de noche espera. Aparte de eso, saben hacer de todo, confiesan con un rostro en el que no hay siquiera asomos de maldad o de moral particular.

Aparte de travestidos y bujarrones, a veces para a los transeúntes un muchacho junto a su inmóvil moto. Se acerca y explica que se quedó sin gasolina. ¿Podrían prestarle para echarle una poca? Otros, a la puerta de unos almacenes, piden para un bocadillo; llevan un día sin comer y adoptan un tono convincente o amenazador, según juzguen el genio del posible mecenas.[2] En otras ocasiones, se trata de dos muchachas mayores normales, vestidas y calzadas como tantas, o algún señor de edad los que piden un préstamo para poder cenar, alejándose luego, murmurando "gracias", quién sabe si camino de una barata *pizzeria*, de un bar o rumbo a alguna escondida discoteca.

También existe la amenaza directa del muchacho invisible, nervioso, que, tras surgir de las tinieblas, te sigue sin mostrar la cara, convertido en voz que a la vez te exige y te amenaza. Éste pide 30.000 pesetas para sacar de la cárcel a un amigo. Cuando al fin se consigue alcanzar la cola de una farmacia de guardia, al punto desaparece, se evapora, quién sabe si en busca de nuevos clientes. En la fila, el recién liberado siente en el gesto de los que aguardan cerca de sus coches encendidos la misma sensación de solidaridad que los colonos americanos cuando pasaban a formar parte de una caravana que les llevaba a cruzar seguros desiertos repletos de indios.

---

1 *la arruga es bella*: llevar ropa arrugada está de moda.
2 *según juzguen el genio del posible mecenas*: según considere la predisposición del donante.

A los profesionales, los del muñón triunfante blandido en al aire como bastón de mando, es preciso añadir los que se acercan al coche detenido a susurrar sus peticiones o a ensuciar sus cristales pretendiendo lavarlos, y algún que otro solitario dispuesto a sacar de cualquier modo con que pagarse un trago de coña o vino. Pero éstos son los de antaño, mendigos galdosianos[1] que igual alquilan niños que plazas en secretos mercados.

El caso es mendigar. Lo que antes fue una lacra, hoy es un privilegio, aunque tal vez en este país se diera, quién sabe, desde su nacimiento.

Si hemos de creer a los que lo han estudiado, España fue, en gran parte, un país de mendigos y sopa boba[2] que les suministraba algunas órdenes religiosas. Así, conventos y hospitales surgían alzados, mantenidos por ricos canónigos; y de tal modo aquella forma cómoda de vida fue creciendo que el número de mendigos llenaba de asombro a los viajeros llegados de fuera. A más de 70.000 llegaban, según Campomanes, los menesterosos, sin contar los pobres vergonzantes, aunque el recurso de pedir limosna llegara a hacerse tan usual como antes el trabajar. Los ciegos, al menos, podían lograr un mediano pasar recitando oraciones o vendiendo coplas,[3] pero los más no tenían tanta suerte. Las mujeres esperaban la noche para pedir caridad o hacerla en las esquinas por un módico precio a sus muy numerosos clientes. Tal fue la plaga de busconas, ladrones y falsos tullidos que el rey Felipe V[4] quiso aplicarles pena de muerte; pero fue inútil, ni siquiera los ilustrados[5] consiguieron otra cosa que impedir a la Iglesia sufragar con sus rentas aquel sinfín de tropelías en las que naufragaba el reino. El siglo XIX no arregló las cosas; no hay sino echar una ojeada a los grabados de Doré[6] en su viaje por España para ver las nubes de mendigos asaltando a los extranjeros en calles y fondas apenas echaban pie a tierra desde la inevitable diligencia; incluso algunos militares solían pedir limosna con la que completar un sueldo escaso a todas luces, pues pedir una misericordia a los demás llegó a ser una forma común de ir tirando en tanto resistiera el cuerpo. Del paro intermitente al habitual, de éste a la pura desgana, de la desgana a la mendicidad, fue forjándose una cadena que mantuvo a los españoles viviendo de su fantasía, mas sin gran cosa que llevarse a la boca. Ha sido como si un destino particular descargara sobre nosotros el peor de los vicios, dorado por el don de improvisar, capaz de tapar tantos de nuestros errores.

Hace no demasiados años, sólo se permitía la mendicidad en tiempos de Navidad. Entonces, aquella turbamulta resucitaba, volvía a la superficie en salidas de *metro* o esquinas de bancos; mas diversas circunstancias la han hecho despertar otra vez. El afán de mendigar se diría que crece cada día; sólo ha mudado el modo, es dedir, la superficie; el resto se resiste a cambiar; incluso se ha perdido el valor de la antigua dignidad a fuerza de llamarle hipocresía. El honor, la palabra, son cosas superadas, de otros tiempos. Puede que sea así; a fin de cuentas, cada siglo impone las suyas, que a veces duran lo que un soplo de viento, pero aquéllas, al menos, no sirvieron nunca para perpetuar un país de holgazanes simpáticos viviendo eternamente a costa del trabajo de unos pocos.

© El País.

---

1 *galdosianos*: de las obras de Benito Pérez Galdós (1843-1920), escritor de origen canario que trató la mendicidad frecuentemente en sus novelas.

2 *sopa boba*: comida gratuita repartida a los mendigos en los conventos.

3 *vendiendo coplas*: los mendigos solían vender/cantar composiciones populares.

4 *el Rey Felipe V*: primer rey de España de la dinastía borbónica. Reinó de 1700 a 1746.

5 *los ilustrados*: gente del movimiento ideológico del siglo 18 llamado "la ilustración", que favorecía la secularización y racionalización de la cultura.

6 *los grabados de Doré*: Gustave Doré (1832-83) pintor y grabador francés que dibujó escenas conmovodoras de la vida de los indigentes.

Manco Pistolas

Pablo Ordaz

La historia de Luis M., un carterista de 83 años que reparte su vejez entre el asilo y los autobuses donde 'trabaja'

El policía que lo cacheó sólo encontró en su cartera una receta de pastillas para el sofoco, un carnet de sargento de la República, la dirección de un asilo de Madrid y una estampa de la Macarena[1] con un calendarío detrás. Nada más. Ni rastro de las 60.000 pesetas que unos minutos antes habían desaparecido en el autobús de la línea C. Luis M.M.,[2] nacido en Granada en 1913, sólo confesó sus antecedentes en comisaría, y según dijo después, lo hizo para evitar que le mancharan de tinta negra la yema de los dedos. "Mira, sobrino", tuteó al policía con el descaro de quien se sabe dueño de un secreto, "yo fui un carterista famoso. Nunca usé la violencia. Sólo mi sabiduría". El agente dudó. No sabía si tenía delante a uno de los tantos carteristas que aprovechan los ajetreos de la Navidad en Madrid o sólo a un viejo fanfarrón y medio loco. El anciano le apuntó entonces con el único dedo de su mano derecha y disparó: "Me conocían por el Manco Pistolas".

Una pastilla en el desayuno, otra en el almuerzo y una más antes de acostarse. El tío Luis —el Manco Pistolas de las fichas policiales— ya no es el torbellino que siempre fue. De noche se ahoga, pero de día sigue gustándose entre las más antiguas de su asilo: tan alto, con su gorra de pata de gallo, el lustre de las botas de media caña y un abrigo verde más eficaz que todas las vacunas contra el invierno. Ni punto de comparación con la decadencia de Encarnita y de las otras viejas que detienen ahora sus taca-taca en medio del pasillo y le ofrecen el homenaje de sus collares falsos, los restos de

Las clientas de su madre, recovera en un pueblo de Granada, sintieron en sus faltriqueras la destreza de un pianista condenado a tocar piezas ajenas: "Nací garbanzo negro"

Parkinson en el carmín[3] y algún bolso despellejado.

—Adios, Luis.

—Adios, Encarnita, guapa.

Las demás se mueren de envidia. El tío Luis lo sabe. Y le gusta. Baja la voz y explica que, por el bien de todos, su doble vida debe mantenerse en secreto. "Yo", le promete al periodista, "te voy a contar mi historia, pero tú tienes que decir aquí que eres mi sobrino. Ven. Te voy a presentar. Mira, Encarnita, mi sobrino". Encarnita se siente la reina del asilo: "Tanto gusto. Se da usted un aire a su tío".[4]

Luis M. M. nació con los dedos más largos de la cuenta,[5] y ya las clientas de su madre, recovera en un pueblo de Granada, sintieron en sus faltriqueras la destreza de un pianista condenado a tocar piezas ajenas. "Yo nací garbanzo negro, mi primera cartera la robé en la diligencia que iba de Granada a Almería, luego corrí a Marsella detrás de una francesa que me volvió loco; al poco tiempo me cansé, la desplumé y fue ella la que terminó corriendo detrás de mí".

Al tío Luis le cogió la guerra en zona republicana y, nada más acabarse los bombardeos que le dejaron con cuatro dedos menos y un apodo para toda la vida, se convirtió en visitante asiduo de las cárceles franquistas: "Unas veces me metían por rojo[6] y otras por maleante. Un día vi a José Antonio[7] y a Durruti[8] jugando juntos al ajedrez. Ya no me acuerdo de quién ganó". El director de una cárcel —"no recuerdo cuál, visité tantas"— se permitió darle un consejo: "Luis, es usted joven y fuerte, debe olvidarse de las malas compañías y trabajar". El Manco Pistolas respondió rápido una frase que le

---

1 *la Macarena:* la imagen de la virgen de Sevilla.
2 *Luis M.M.:* los periódicos suelen dar los iniciales de las personas acusadas de delictos.

3 *los restos del Parkinson en el carmín:* las ancianas muestran en el maquillaje que sufren de la enfermedad de Parkinson.
4 *se da usted un aire a su tío:* se parece a su tío.

5 *más largos de la cuenta:* muy largos.
6 *por rojo:* por ser partidario de la República.
7 *José Antonio:* José Antonio Primo de Rivera, líder del movimiento fascista español hasta su muerte en 1936.
8 *Durruti:* Buenaventura Durruti, líder anarquista muy violento de los años 20 y 30.

prolongó el arresto entonces y que todavía hoy rescata con orgullo de su pasado de tunante: "Señor director, que trabajen los bueyes". No había remedio. Luis M. M. era una madera cortada en verde, propensa a viciarse con el menor impulso.

Ya delincuente profesional, el Manco Pistolas se convirtió en un experto en tranvías, ferias y corridas de toros. No quiso atarse ni a mujer ni a lugar. Viajaba junto a otros carteristas en coches alquilados, dormía en pensiones pocas veces solo, y nunca rehuyó una juerga ni un cante.[1] Recuerda las faenas de Antonio Bienvenida, El Viti y Paco Camino[2] según se portaran los bolsillos del prójimo, y más de una vez su paseíllo —de acuerdo con la desaparecida ley de Vagos y Maleantes— terminó en comisaría.

Luis M. M. fue siempre un hombre sin prejuicios. Se vestía de señor para robar en los toros, y de mono azul para juntarse con los obreros que volvían de cobrar la paga del 18 de julio.[3] El método, siempre el mismo: el único dedo de su mano derecha tanteaba a la víctima y sostenía la chaqueta; dos dedos de la mano izquierda se convertían en pinza rapidísima y exacta. El Manco Pistolas solía tener un detalle con su escogida clientela: "Yo siempre devolvía las carteras. Después de *pintarlas* —dejarlas limpias de billetes—, las echaba en un buzón de Correos para no causar demasiados trastornos".

El método, siempre el mismo: el único dedo de su mano derecha tanteaba a la víctima y sostenía la chaqueta; dos dedos de la mano izquierda se convertían en pinza rapidísima y exacta

El teléfono del comisario Luengo ha vuelto a sonar seis años después. Por el auricular, con la impertinencia propia del invento, se ha colado todo el pasado escondido en una pregunta: ¿Se acuerda usted de Luis M.M? Ni un segundo después, la respuesta: "¡Cómo no me voy a acordar del Manco Pistolas!". Por la memoria del comisario de policía Luis Luengo Fernández, hoy retirado y en su día jefe del grupo de carteristas de Madrid, empiezan a desfilar las fotografías color sepia de un gremio de truhanes siempre elegantes.

El Manco Pistolas, que era de Granada pero trabajó mucho por la zona de Barcelona; Periquín de Sevilla, quien a pesar del apodo era uno de los más sobresalientes profesores de la afamada escuela de Valladolid. Sus vecinos jamás sospecharon la pertenencia de Periquín al hampa, salía de casa bien trajeado y nunca se puso a trabajar antes de dejar a sus hijas en el colegio de monjas.

Gente educada y bien vestida, con la gabardina o el periódico doblados sobre un antebrazo, la otra mano rápida para aligerar el peso de los desprevenidos, pasar el *cuero* recién robado a un compinche —*consorte* le llaman en su argot— y escabullirse del autobús como un señor. Si la ocasión lo requería, mascullando falsas maldiciones entre dientes: "Hay que ver cuánto ratero y cuánto tunante hay suelto, diga usted que sí, señora, que los deberían colgar a todos".

El tío Luis se ríe a carcajadas con sus recuerdos: "Un día le quité la cartera a un inspector de policía y, para evitarme problemas, le dije: señor, se le ha caído la cartera. Tome usted. El tío se quedó con la mosca detrás de la oreja,[4] pero a mí me dio las gracias". El Manco Pistolas se apoya ahora en la barra de zinc del bar del asilo y actúa, en sus

---

1 *cante*: recital de música flamenca cantada.
2 *Antonio Bienvenida, El Viti y Paco Camino*: toreros famosos.

3 *la paga del 18 de julio*: una de las dos pagas extraordinarias anuales que reciben los españoles. La otra se recibe en Navidad.

4 *con la mosca detrás de la oreja*: desconfiado.

46

ojos aparece de nuevo la picardía de tanta experiencia y tanta psicología: "Desde que un tío se sube a un autobús, yo sé la música que lleva dentro".

La *música* es la cartera, y hay varios sitios para esconderla. El comisario Luengo —y también José Manuel Medina Balbuena, un policía de Barcelona ya retirado— coincide en la valoración profesional de Luis M. M.: "Un clásico. El Manco Pistolas fue todo un clásico. Un carterista fino que, a pesar de su minusvalía física, conseguía sustraer las carteras de los bolsillos más difíciles. Sin recurrir a la violencia".

El inspector Luengo, un policia sin tacha en cuatro décadas de brega con lo mejor de cada casa,[1] sólo se equivoca en un detalle: el tiempo de un verbo. El Manco Pistolas no fue, el Manco Pistolas es. Muchos días, después de desayunar en el asilo, el tío Luis —un viejo guasón que disfruta de la confianza del personal de la residencia— coge el autobús y se dirige al centro de Madrid. Hace el trayecto solo, disfrutando del asiento que, por respeto a su edad, le ceden los chavales camino del instituto. Saluda al conductor. Unas veces cuenta un chiste, otras canturrea una media granaína;[2] a veces, hasta da palmas.

La última detención

Ningún delincuente se lleva el trabajo a casa, y él, un clásico, tampoco va a ensayar sus malas artes en el mismo autobús que le tendrá que devolver al asilo. Luego, el tío Luis, solo o en compañía de otros carteristas, se convierte en el Manco Pistolas. Sube y baja de los autobuses con la facilidad de un chiquillo. Nadie sospecha de un viejo con un solo dedo en la mano derecha.

Hace sólo unas semanas que lo detuvieron por última vez. Viajaba en la línea C de los autobuses de Madrid. El tío Luis, acompañado de otros carteristas, aprovechó que el vehículo iba atestado. Muchos de los viajeros eran personas de edad, jubilados demasiado mayores para bajar las escaleras del metro y con achaques suficientes para convertirse en ancianos voladores en cada frenazo. El Manco Pistolas avanzó lentamente hasta la puerta central, su dedo solitario y su experiencia tanteaban a la vez a sus posibles víctimas. Por fin se detuvo. No hizo falta más que una mirada de sus ojos todavía claros para que sus compinches rodearan a un hombre de unos 50 años con el sobre de una radiografía en la mano. Todo sucedió en un segundo. El Manco Pistolas había localizado un fajo de billetes en un bolsillo del pantalón de la victima, lo ahuecó con su dedo derecho y otro de los carteristas realizó la extracción. Un buen trabajo de equipo. 60.000 pesetas habían desaparecido, pero el tío Luis —hay días que los años no perdonan— no retiró su estilete con la rapidez suficiente.

Después de la confusión llegó la policía.

"Me dejaron tirado, eso no sucedía en mis tiempos". Al tío Luis, ahora sentado en el bar del asilo a la espera de juicio, le corroe la rabia. Sus compinches, a pesar de que habían advertido su detención, no intentaron mediar; se fugaron con la pasta y ahí se las apañe el viejo. Sólo el resentimiento provoca la confesión del Manco Pistolas. Reconoce que a veces trabaja con una banda de delincuentes chilenos, percal nuevo para su seda vieja: "Fíjate, sobrino, a mis años y en una multinacional".

© *El País.*

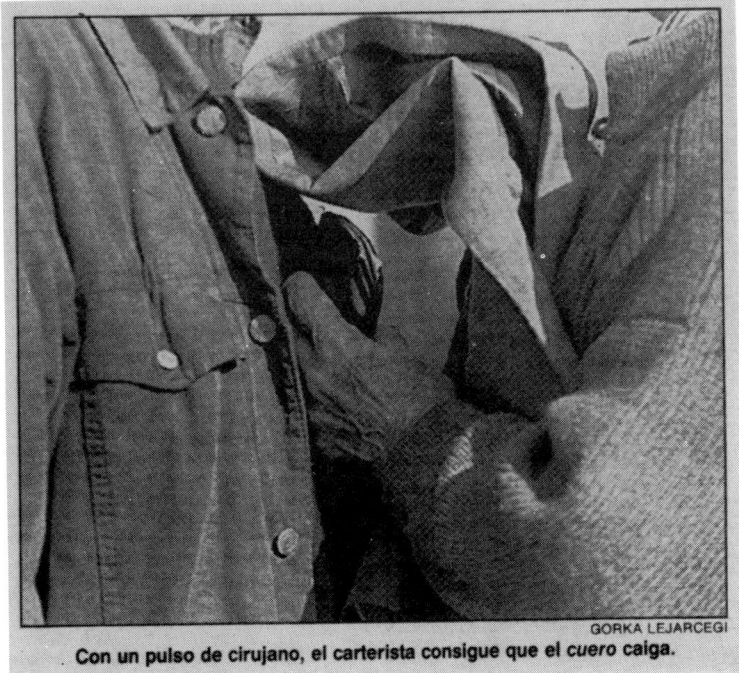

GORKA LEJARCEGI
Con un pulso de cirujano, el carterista consigue que el *cuero* caiga.

---

1 *con lo mejor de cada casa:* con los mejores.
2 *una media granaína:* cante granadino.

Los marginados 0

Lima: la capital del desamparo

Maruja Torres

Alquilé un taxi y le dije al conductor que me acercara a la Panamericana Sur, una de las zonas donde se apiñan los *pueblos jóvenes*. Era de la línea dura, el hombre: «Vienen, nos invaden, y encima quieren agua y luz gratis». No respondí. Avanzábamos por la antigua Panamericana, que corre paralela a la nueva autopista, construida hace veinte años. A la izquierda, dunas de arena y cubículos de estera se confundían con el polvo. La riada humana no cesa de anegar los antiguos basurales, levantando sobre la porquería sus débiles viviendas, que nacen condenadas por la falta de higiene. Frente al recién erigido asentamiento *Susana Higuchi* —le dieron el nombre de la esposa de Fujimori,[1] en un rapto de fervor, o quizás con la esperanza de que eso les permitiría gozar de la protección de la primera dama—, las aguas contaminadas de uno de los escasos *caños negros* sufrían el asedio de los pobladores.

A su alrededor se había ordenado un mundo. Llegaban las mujeres cargadas con sus cacharros de cocina sucios, con la ropa por lavar, con cubos, baldes y bidones, y se colocaban pacientemente en fila, esperando su turno. Llevaban a sus hijos para limpiarlos, y ellas mismas se aseaban como podían, olvidado el pudor por la más perentoria necesidad. Por las juntas de las cañerías escapaban las aguas del color del alquitrán, empapando la arena, creando un fango letal en donde los animales muertos descansaban al fin, pasto de los gusanos. Junto a la embocadura, el cadáver de un perro mostraba ya la mitad de su esqueleto, y sus ojos eran dos nidos de moscas. Sin prestarle atención, las mujeres se afanaban en una mecánica rigurosa, la triste historia de todo pobre en cualquier lugar del mundo: no perder el tiempo. A la cola se puso una embarazada con tres hijos pequeños que revoloteaban alrededor, y pensé que aquella mujer, si tenía suerte, podría obtener dinero a cambio del bebé que aún no había nacido: en Perú se venden clandestinamente unos 1.500 niños al año, siempre los herederos de la miseria, aquéllos a los que sus padres no pueden mantener. Una adopción legal cuesta 15.000 dólares y tarda mucho; en cambio, comprar un pequeño en cualquiera de las numerosas *casas de cebamiento* —así se llaman porque aquí se les alimenta y se les pone presentables para el mercado— sale por 2.500 dólares. La diferencia se justifica por las *coimas* —comisiones— que corresponden a abogados, jueces, médicos, burócratas. La madre es la que menos cobra.

Muchos habitantes de estos asentamientos son familias desplazadas de los lugares en donde la guerrilla comete sus atrocidades y en donde, a menudo, los militares les utilizan de parapeto, de carne de cañón. El principal problema con que se han enfrentado, sobre todo los ayacuchanos,[2] es que su lugar de procedencia les excluye automáticamente del mercado de trabajo. Fueron evitados de tal manera en las oficinas de empleo —bastaba declarar su origen para que su expediente fuera separado automáticamente de los otros— que llegó un momento en que ni siquiera se presentaban a solicitarlo. Los propios pobladores les reciben con recelo e incluso con manifiesta hostilidad, como si fueran terroristas o responsables de su desgracia. Así es como ellos empiezan a negar su identidad, y esta circunstancia, unida a la falta de raíces que se sufre en los *pueblos jóvenes,* facilita su degradación. El paraíso prometido se convierte en un infierno, y el trabajo de las organizaciones especializadas en proporcionar ayuda a los desplazados resulta verdaderamente arduo.

© Amor América. El País / Aguilar.

---

1 *Fujimori:* el presidente del Gobierno peruano.
2 *ayacuchanos:* gente de Ayacucho, ciudad del centro del Perú, en los Andes.

Tercera parte: La educación

Esta sección enfoca algunos de los temas de mayor interés en el mundo de la educación y sigue la trayectoria del proceso educativo en España desde el parvulario hasta la universidad.

En la educación, como en otros muchos aspectos de la vida social, los españoles han manifestado un deseo fuerte de reforma desde la muerte del dictador, el general Franco, en 1975. El Gobierno socialista promulgó dos leyes de reforma, la LODE (1984) y la LOGSE (1990); la última fue responsable de la reestructuración del sistema educativo, que comenzó en 1991. Las universidades también se están reformando paulatinamente. El mayor problema actual en la educación superior es la masificacion, o sea, el número enorme de estudiantes con calificación suficiente para acceder a una plaza universitaria. Como consecuencia, las universidades están a tope, y lógicamente los estudiantes se quejan de las dificultades que experimentan para proseguir su carrera.

Los españoles se interesan muchísimo por este tema. Asi, debaten con vigor los principios y la práctica de la educación. Aparte de la reforma de la educación destacamos otros aspectos de la actualidad, entre ellos los inconvenientes de la enseñanza mixta (Texto J), los mejores resultados de las chicas (Texto K), el problema de los niños superdotados (Texto L), la enseñanza de las lenguas en una Europa más integrada (Texto M) y la importancia de la enseñanza de la lengua en los niños aun antes de que hablen (Texto U).

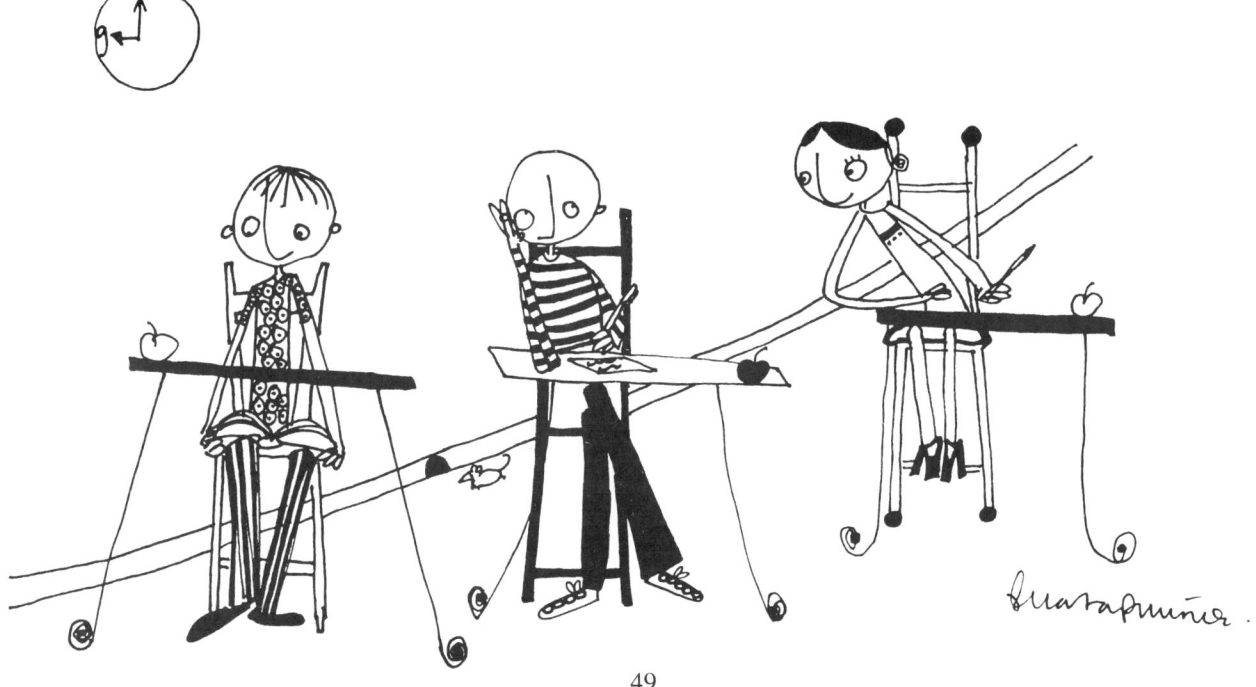

La educación A

Ir al parvulario

Cómo preparar a nuestro hijo

Prácticamente todos los niños empiezan la escuela a los tres años. Aunque algunos están ya acostumbrados porque provienen de la guardería, la adaptación al nuevo centro encierra dificultades y debemos prepararles para ello.

Algunas escuelas realizan la incorporación gradual por pequeños grupos de niños que acuden por primera vez. Esto está muy bien porque permite a las educadoras controlar la situación, poder atender individualmente a los niños y organizar actividades dirigidas a conocerse entre sí y a familiarizarse con el entorno.

Evita la improvisación. Acude a visitar la escuela previamente, pregunta por el nombre de la nueva maestra y procura conocerla antes. Explica a tu hijo con todo lujo de detalles cómo será el nuevo centro y qué clase de actividades hará. Intenta despertar en él la curiosidad e ilusión.

Cuando compres el equipo y pongas el nombre en las prendas, hazlo de manera que le motive. El primer día, compórtate con naturalidad y tranquilidad. No te quedes en la puerta más rato del necesario. Asegúrale que le estarás esperando a la hora de la salida. Y, sobre todo: ¡No llegues tarde! Los niños se desesperan.

Asegúrate de que en la guardería realiza actividades que despiertan su curiosidad.

© *Clara.*

La educación B

Empieza el cole

Descubrir el placer de aprender

Cumplió los 9 años y le encanta ir al "cole". Incluso parece que le gusta más que estar en casa. Allí tiene su mundo: atiende lo que dice la maestra, tiene sus amigos y se muestra satisfecho de poder ir y venir autónomamente.

Están en una época relativamente tranquila en la que el interés de los niños se centra en aprender. Por lo general, tienen una gran capacidad para asimilar y recordar. Y les encanta compartir con los padres sus nuevos conocimientos y experiencias.

Ante esa edad, vuestra actitud será decisiva para motivarles en el futuro. Mostraos muy receptivos ante las preguntas y explicaciones de vuestros hijos. Compartid con ellos la diversión de aprender. Haced de la curiosidad una práctica habitual. No les defraudéis cuando quieran conocer a fondo todas aquellas cosas que les rodean. Estad siempre dispuestos a conversar y a responder. E intentad transmitir la idea que aprender es un placer y no una obligación.

A los nueve años tu hijo tiene una gran capacidad para asimilar y suele disfrutar en el colegio.

© *Clara.*

La educación C

Iniciar la secundaria

Ayúdale a Distancia

Antes era de los veteranos. Hoy, con el paso de a la secundaria y con el cambio de escuela, se ha convertido en el "novato" y sus sentimientos son contradictorios.

Sienten orgullo de pasar a secundaria, al tiempo que ansiedad e inseguridad ante lo nuevo. Las primeras semanas no serán fáciles. Deberá hacer un esfuerzo para ajustarse a las nuevas exigencias. Además de adaptarse a otros compañeros, tendrá que conectar con el estilo de cada profesor. Y lo que es más, durante algún tiempo será un perfecto desconocido. Como ves, se encuentra en una situación muy compleja. Y sin embargo positiva si la enfoca con serenidad. En este punto tú eres fundamental.

Ayúdale a distancia. No le sobreprotejas ni muestres demasiada ansiedad. Tampoco le quites importancia a la situación, pues tu actitud no se correspondería con la realidad.

Después del primer día, comenta con él sus dificultades, pero no se las resuelvas. Permite que sea él mismo quien halle la manera de superar los obstáculos. Dale ideas para que pueda hacerlo.

Sólo, si después de un tiempo tienes la sensación de que tu hijo tiene más dificultades de las normales, deberás ponerte en contacto con el tutor. Una conversación a tiempo puede ser de gran auyda.

El cambio de colegio puede afectar en un principio a tu hijo.

© *Clara.*

"¿A partir de qué edad es bueno usar el ordenador?"

A los tres años los niños pueden empezar con clases especiales. Para los mayores de seis ya hay varios programas en el mercado.

Hay colegios que ya enseñan a utilizar el ordenador dentro del horario lectivo. En otros han empezado a ofrecer clases extraescolares de informática. Según *Carlos García Revenga, pedagogo* y experto en la enseñanza de ordenadores en colegios, los niños pueden empezar a familiarizarse con las computadoras desde los tres años, con «micromundos del lenguaje logo», que son programas cortos, muy sencillos, diseñados por un experto y que consisten, por ejemplo, en dibujar un cuadro, rellenarlo con un color... Pero las clases siempre deben reunir las siguientes condiciones: *Se deben utilizar colores* en el teclado, puesto que a esta edad no conocen las letras. *Cada ordenador debe ser utilizado por dos niños*, por lo menos, para que hablen entre sí y no se produzca el diálogo ordenador-niño. Esta condición se debe mantener durante toda la infancia. El pedagogo es tajante en este punto: «A partir de los 11 años pueden utilizarlo solos para hacer trabajos, pero nunca para jugar».

No debe haber más de cinco ordenadores por cada profesor, ya que la enseñanza requiere una respuesta rápida. *Hay que cambiar el concepto «aprender informática»* por «aprender a usar el ordenador». Es muy importante hacer que les guste, pero sin forzar nunca la situación. Si el colegio de tu hijo no ofrece estas enseñanzas, puedes iniciarle en casa en torno a los cinco o seis años con programas adecuados a su edad. En las tiendas especializadas encontrarás gran variedad de ellos, similares a los juegos didácticos de mesa, para trabajar el nivel preescolar y la preescritura: sumas, formas geométricas...

A partir de los diez años pueden aprender bien el uso informático –formatear discos, copiar archivos...– y utilizar tratamientos de textos y bases de datos. Progresan mejor cuando aplican los programas a sus aficiones. Por ejemplo, anímale a crear una base de datos con sus futbolistas favoritos.

© *Mía.*

Muy positivo

Bien utilizado, son muchas las ventajas de aprender pronto: los más pequeños se sienten mayores y aumenta su responsabilidad. El ordenador les da destreza, facilita la preescritura, aprenden vocabulario, son cuidadosos, se habitúan a su terminología...

Foto: John Walmsley

¿Qué es la ESO?

Incorporarse a la Reforma Escolar

Con la Reforma impulsada por la LOGSE, la Enseñanza Secundaria Obligatoria (ESO) sufre un cambio radical. ¿Cómo es el nuevo periodo obligatorio? ¿Cómo puedes "engancharte" a la Reforma si no has empezado con ella? Resuelve tus dudas para que puedas orientar a tus hijos.

La Educación Secundaria es la etapa que más cambios ha sufrido con la aplicación de la LOGSE[1] (Ley del 3/10/1990). La aprobación de esta Ley, que debe acabar de implantarse en el año 2000 supone una reforma radical de los planteamientos actuales de la Enseñanza. Su filosofía introduce consideraciones distintas en lo que respecta a la atención personalizada de cada alumno, las tutorías, la evaluación continua de los alumnos y su formación como ciudadanos que conocen la realidad cultural y social de su mundo.

Dos años más

Dentro de la nueva ordenación educativa, la Enseñanza Secundaria Obligatoria (ESO) es la introducción más novedosa, que empieza por alargar 2 cursos la enseñanza obligatoria –hasta los 16– para hacer coincidir la fecha de finalización de los estudios con la edad en que legalmente un joven puede incorporarse al mundo del trabajo. A la etapa que abarcan los últimos cuatro cursos obligatorios, de los 12 a los 16 años, se la denomina ESO.

La ESO no puede reducirse ni al Ciclo Superior actual ni al BUP[2] que hasta ahora se viene realizando. La diferencia esencial está en el carácter menos académico de estos estudios, más sociocultural, de formación personalizada y con una estructura por áreas distinta a la actual.

Consta de dos ciclos, de los 12 a los 14 años y de los 14 a los 16. Su principal novedad consiste en estar organizada de forma que cada alumno puede adecuar los contenidos de las materias que estudiará en razón a sus intereses personales, a través de unas asignaturas comunes -el 70% del total- y otras optativas -el 30%- que le permitirán reconocer sus intereses y capacidades. Cada asignatura tendrá un valor en créditos para el ciclo –el total de la ESO son 111 créditos– y la elección de asignaturas se realizará trimestralmente, adaptándose a la evolución de cada alumno.

Contenidos actuales

Las asignaturas comunes en la ESO incorporan contenidos más ajustados a las exigencias de la sociedad actual. Las materias optativas sirven para profundizar conocimientos, iniciarse en otras áreas y orientar en los intereses profesionales.

La importancia que se le da a asimilar más que a memorizar contenidos se expresa en la realización constante de actividades llamadas "de síntesis" que requieren un nivel de reflexión sobre lo aprendido.

La ESO hace hincapié en la formación profesional de base que se incorpora a todas las materias.

¿Y después qué?

Al finalizar la ESO comienza la Enseñanza Secundaria Pos-Obligatoria. Consta de:

*El Bachillerato de la Reforma: sólo pueden acceder a estos Bachilleratos los alumnos que hayan cursado la ESO.

* Los Módulos Profesionales 2: se accede desde la ESO, prueba o equivalencia, y supone la educación Técnico-Profesional de grado Medio. Su duración es variable. No permite pasar a los Módulos Profesionales 3.

*Los Módulos Profesionales 3: se accede desde el Bachillerato o mediante una prueba, y corresponde a la Educación Técnico Profesional Superior o especializada. No tiene una duración concreta –varía según la especialidad–, y una vez superada puede accederse directamente a la Universidad.

© *Clara.*

La educación F

Menos alumnos por clase, asignaturas prácticas... Así es el nuevo bachillerato

Los centros de estudio anticipan la aplicación del nuevo bachillerato contemplado en la LOGSE

El pasado mes de junio se presentaron al examen de selectividad[3] los primeros 21.000 alumnos que han estudiado los dos cursos de que consta el nuevo sistema de bachillerato previsto por la Ley de Ordenación General del Sistema Educativo (LOGSE). Pertenecían a los institutos que han aplicado la reforma de modo experimental y voluntario. A partir del próximo curso, el número

1 *La LOGSE* : Ley que reformó el sistema de educación en España.
2 *BUP*: Bachillerato Unificado Polivalente, el antiguo bachillerato superior.
3 *la selectividad*: el examen de selección para la universidad.

de jóvenes que podrán acceder a este nuevo bachillerato será mayor, pues desde el Ministerio de Educación se ha animado a los centros docentes a anticipar su aplicación.

Responde a las nuevas salidas laborales. Esto ha provocado algunas quejas entre padres y profesores, al considerar que no existen los medios y recursos adecuados para llevar la reforma con rigor. Sin embargo, todos coinciden en que la estructura del nuevo bachillerato es mejor que la del antiguo, pues permitirá a los estudiantes prepararse de cara a las salidas profesionales actuales.

A continuación te explicamos las novedades que va a incluir:

Es más corto. El bachillerato tradicional consta de tres cursos, 1°, 2° y 3° de BUP, a los que hay que sumar el COU[1], para los alumnos que deseen acceder después a la universidad. Por lo general, se empieza a los 13 años y se termina cuando el alumno cumple 17. Ahora, al ampliar la Educación Secundaria Obligatoria (ESO) hasta los 16 años, el bachillerato se reducirá a sólo dos cursos.

Adopta nuevos métodos de estudio. Los profesores seguirán día a día los progresos de los alumnos con un sistema de evaluación permanente que valorará más la comprensión de los conceptos que su memorización. También se dará más peso a la práctica en laboratorios y se contará con un gabinete de orientación a los estudiantes.

> Las clases del nuevo bachillerato no tendrán más de treinta alumnos. Además, al cambiar la metodología, se valorará más la comprensión de los conceptos que su memorización.

Grupos de estudio reducidos. Las clases tendrán 30 alumnos máximo para garantizar que reciben la atención adecuada del profesorado. El Ministerio de Educación ha firmado un acuerdo con los sindicatos y asociaciones de padres de alumnos por el que se compromete a ofrecer las condiciones necesarias para alcanzar este objetivo.

Favorece la especialización. Para preparar a los estudiantes de cara a la universidad se les permite elegir entre cuatro tipos de Bachillerato: modalidad de Ciencias de la Naturaleza y de la Salud; modalidad de Humanidades y Ciencias Sociales; modalidad de Tecnología y modalidad Artística. Por último, para evitar que la especialización suponga el desconocimiento de otras áreas importantes, los alumnos estudiarán algunas materias obligatorias durante estos dos cursos: Lengua y Literatura, Lengua extranjera, Filosofía, Educación Física e Historia de España. También hay otras asignaturas optativas para cada modalidad.

Acceso a estudios superiores. El nuevo bachillerato permite el acceso tanto a los estudios universitarios como a la nueva formación profesional de grado superior.

© Mía.

1 *COU*: Curso de Orientación Universitaria, curso que se estudiaba antes de ir a la universidad.

La educación G

Copiar en los exámenes

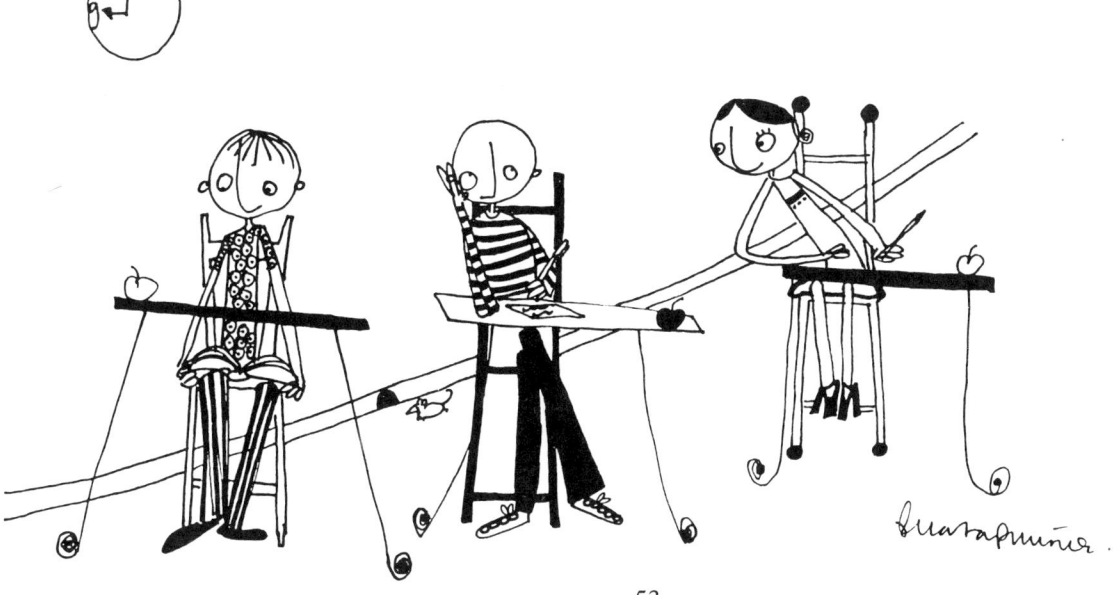

Riesgos y Técnicas

Copiar en los exámenes es una práctica tan antigua como la escuela. Para algunos estudiantes, copiar es un riesgo que vale la pena correr en caso de apuro, y que algunos dominan gracias a sofisticadas estrategias.

Lo recomendable para aprobar en los exámenes siempre es estudiar al máximo. Que se copie es una prueba de que el sistema actual no estimula el interés de los alumnos y todavía está basado en la memorización de las materias y no en su comprensión. Así, cuando el tiempo se echa encima y no se encuentra la forma de terminar el temario, aparece la idea de hacer trampa y copiar. En ese caso, puede resultar interesante preparar en los días anteriores todos los resúmenes posibles sobre la materia peor aprendida. A la hora de la verdad, haber puesto tanto trabajo en realizarla habrá servido para estudiarla y probablemente se podrá prescindir de copiar.

Si se está totalmente decidido a hacerlo, hay que ser consciente que es un juego peligroso. Puestos a copiar, lo mejor será no hablar de ello, intentar pasar desapercibido en la clase y situarse en un lugar poco accesible. Puede copiarse en solitario o planear una "estrategia" de colaboración entre varios, pero sobre todo lo que no es recomendable es implicar a compañeros inocentes, por una cuestión de solidaridad.

Cuál es el castigo

En cualquier caso, si falla la estrategia de copia o la mala suerte hace que el profesor o vigilante te pille copiando, hay que reaccionar con serenidad. En términos generales, resulta conveniente aceptar la culpa y argumentar una disculpa convincente, para ganar el apoyo del profesor. El castigo que se aplica por copiar en un examen depende del examen en sí, de si se reincide y, sobre todo, del profesor que evalúa. El maestro puede considerarlo una falta leve y puede resolver desde pasarlo por alto a penalizarlo con una reprimenda en privado, comunicación a los padres, un descuento de puntos o con el suspenso y expulsión de la prueba. En casos más relevantes, en un examen universitario decisivo o examen final en secundaria, y si ha ocurrido en otras ocasiones anteriores, puede considerarse como falta grave y suponer medidas más drásticas. En ese caso es posible un cambio de grupo o la pérdida de derecho a la evaluación continua. Para abrir un expediente a un alumno normalmente no basta con haber copiado en un examen. Se considera falta muy grave, en cambio, suplantar a otra persona en una prueba o falsificar o robar documentos académicos como exámenes o actas.

Técnicas utilizadas

Sin ánimo de incitar a los estudiantes a copiar, relatamos las formas más usuales.

*"Chuleta": es el método más conocido, consistente en realizar esquemas en trozos de papel, fichas, etc. para sacarlos en el momento oportuno. El principal problema es localizar un buen escondite y conseguir sacarlas con disimulo.

*"Pase": intercambiar papeles con los resultados de los ejercicios. Implica a más personas, supone un movimiento anormal en la clase y aporta una prueba del "crimen".

*"Palabras cruzadas": hablar en pleno examen es un riesgo en el silencio de la clase, pero puede solucionar un lapsus en una pregunta. Mejor practicarlo al final del examen, cuando el ruido de los que acaban amortigua los sonidos.

*"Vistazo": copiar del compañero más cercano es una técnica de las más comunes. Supone implicar al "copiado" y es un sistema que ha complicado el profesorado repartiendo distintos exámenes por filas.

*"Saque": para arriesgados. Sacar el material de trabajo supone una complicación y se exponen a la evidencia de lo que están haciendo. Es fácil que los profesores lo eviten haciendo que todo el material quede fuera del alcance de los alumnos.

© *Clara.*

Cómo aprobar los exámenes

Se acerca la fecha fatídica que temen la mayoría de los estudiantes: el momento de los exámenes. Pocos son los capaces de superar la prueba sin nervios o agobios, pero los psicólogos y los médicos saben cómo hacer que el trago sea más llevadero

Aprobar no debe ser difícil si se siguen algunos consejos básicos.

Los diez trucos del éxito

1. Jornada previa de reflexón (sólo repaso).
2. Excelente estado físico y psíquico a la hora del examen.
3. Combatir la ansiedad con algo de deporte y relajación mental.
4. En el momento de la prueba, realizar diez respiraciones profundas y lentas.
5. Leer con atención el cuestionario y detenerse en las palabras clave.
6. Esquema mental antes de la redacción para estructurar el tema.
7. Esforzarse en el principio y el final.
8. Ante la falta de tiempo, más vale el simple bosquejo del tema que dejar en blanco la pregunta.
9. El bloqueo mental se supera con la relajación, y la concentración, cerrando los ojos.
10. Hacer una presentación impecable y una letra legible.

Llegan las ciberchuletas

Pasar sin dar ni chapa. Teléfonos móviles, minirradios de onda corta, auriculares invisibles y ordenadores camuflados en el reloj han sustituido a las viejas chuletas.

Hincar los codos o convertirse en profesional del copieteo: no existe otro modo de conjurar el *mal de examen*. La era audiovisual ha llegado a las aulas para aliarse con los estudiantes más rezagados, y en algunos centros, como en la Escuela Superior de Växsjö, en Suecia, los nuevos 007 hacen cundir la alarma entre el impotente profesorado. ¿Para qué saturar la mente con teorías y teoremas cuando un pequeño aparato portátil con un hilo casi invisible pegado detrás de la oreja o un ordenador del tamaño de una caja de cerillas guardan gustosos tanta información como el examinado necesita para responder a las preguntas?

En su manual para vagos, *Cómo aprobarlo todo sin dar ni chapa*, Fernando Martín, cantante del grupo Desperados, adapta la carcasa de la tecnología para usos poco ortodoxos. Entre sus propuestas, hay una diminuta pantalla de cristal líquido de ordenador camuflada a modo de inocente calculadora o reloj, micrófonos inalámbricos y radios de onda corta. Son las llamadas *ciberchuletas*, que han dejado obsoletos los métodos de toda la vida.

Un suspenso es la excusa perfecta para revisar los métodos de estudio

Unas 25.000 personas responden a la llamada de un ministerio cualquiera que precisa cubrir vacantes, pero sólo 250 conseguirán una de las codiciadas plazas. ¿Quiénes? Lo correcto sería decir "las más inteligentes o mejor preparadas". La ley del mercado es, sin embargo, la que manda y hace de este tópico una verdad a medias.

Sin mencionar el enchufe –un mal endémico contra el que poco o nada se puede hacer médicamente–, los psicólogos y profesores demuestran que la sapiencia puede caer por la borda cuando, a la hora de la verdad, el examinado se rinde al cansancio o los nervios. De igual manera, la inteligencia cojea si no se apoya en una buena motivación, una técnica de estudio y una pulcra higiene mental.

El psicólogo Miguel Salas Parrilla no puede ser más claro: "Para aprobar no basta con conocer los temas; hay que saber exponerlos en el tiempo adecuado y mejor que los demás". Por ello, entre línea y línea, el estudiante debe apañárselas para sacar el máximo rendimiento.

Al mismísimo Edison le suspendían de pequeño

El desánimo es el último eslabón. Hasta el mismísimo Thomas A. Edison fue calificado de tonto e incapacitado por todos sus profesores. Un suspenso indica la ocasión de pasar revista al método de estudio –programación de las tareas, técnica de memorización, estado físico y mental u otros hábitos– y de corregir posibles vicios.

En definitiva, de nada vale saber mucho, sino estar en forma a la hora de la prueba definitiva. Pero ¿cómo se logra eso?

A quien busca su ayuda, el profesor y psicopedagogo Bernabé Tierno le fija una meta:

"Aprender perfectamente los temas, dominarlos, triturarlos y hacerlos papilla. Y, después, convencerse a uno mismo de que se sabe todo bien y se es capaz de exponerlo con suficiente tranquilidad, oralmente o por escrito".

La planificación del estudio, según el profesor, "debe exigirnos estudiar a un ritmo constante y realizar exámenes periódicos similares a los que tendremos que enfrentarnos. Al mismo tiempo, debemos combinar el estudio con ejercicios de relajación, respiración profunda y autocontrol".

El repaso final minutos antes del examen es un mito desaconsejado por todos los expertos. Pero ¡tan tentador! Lo cierto es que generalmente no se dispone ni de tiempo suficiente ni de tranquilidad anímica. Sí, permite comprobar lo que se tiene memorizado, pero cuando realmente el alumno pone su pluma a trabajar se encuentra con la desagradable sorpresa de que ésta no responde, de que su mente está bloqueada. Los datos, traicioneros e inoportunos, acaban regresando, pero ya es demasiado tarde. La ansiedad se interpone en el proceso de transmisión de información a través del sistema nervioso e inhibe la secreción de neurotransmisores.

¿Qué se puede hacer en ese caso? "Desde luego –dice Salas Parrilla–, no es buen remedio abandonar el aula y darse un paseo para recordar. Hay que procurar que no se produzca la ansiedad o, al menos, saber calmarla." Si se es propenso a padecer ansiedad, el psicólogo recomienda acudir a un especialista, que probablemente recetará algún ansiolítico.

En cualquier caso, es eficaz practicar alguna técnica de relajación los días anteriores al examen, realizar simulacros cronometrados de la prueba, dejar de estudiar dos días antes y evitar las charlas con los compañeros sobre el temario.

El viejo truco. Cuando no hay otro remedio, las técnicas del *copieteo* son de lo más variado. Sin embargo, siguen imperando los sistemas clásicos, como las chuletas o el cambiazo de folios escritos anteriormente en casa.

Orden y concierto. En el colegio británico de Eton el orden es la máxima a seguir. Muchos psicólogos opinan que ser cuidadoso en las formas garantiza el éxito.

© *Muy interesante.*

La educación 1

Aprovechar las Horas de Estudio

La mayoría de los expertos coinciden en que el fracaso escolar tiene mucho que ver con la forma de estudio de los alumnos. He aquí una serie de consejos para mantener un buen ambiente de estudio y evitar, en lo posible, el suspenso.

*Hacer del estudio un trabajo habitual. Hay que mantener la coherencia a la hora de plantarse delante de los libros. Es preferible estudiar todos los días durante dos horas que pegarse el atracón la tarde antes del examen.

*Estudiar siempre en la misma habitación. Esto ayuda al estudiante a adaptarse a la atmósfera de estudio.

*Utilizar, en lo posible, la luz natural, preferible a la luz artificial.

*Dejar suficiente espacio en la mesa como para sentirse cómodo estudiando. Hay que evitar la distracción durante el estudio.

*Es preferible estudiar por la mañana que por la tarde. El cuerpo está más descansado y los conocimientos se asimilan mejor.

*La posición ideal para estudiar es la siguiente: mantener la espalda recta y firmemente apoyada sobre la mesa. La cabeza debe estar levemente inclinada hacia delante, manteniendo una distancia de 30–40 centímetros entre los ojos y el papel.

*Estudiar no tiene que ser una tortura. Es conveniente descansar cada 2 o 3 horas y realizar ejercicios de relajación y concentración 15 minutos antes de empezar con ello.

*Es recomendable hacer ejercicios de estiramiento y, si es posible, recibir masajes para evitar la sobrecarga en la espalda. Así se evitarían el cansancio y las molestias, que sin duda influyen en el rendimiento.

© *Cambio 16.*

La educación √

Los chicos sin las chicas

Carlos Santos

Polémica en Europa sobre los inconvenientes de la enseñanza mixta. Algunos expertos dicen que las niñas, separadas de los niños, aprenden más. Algunos gobiernos empiezan a estudiar en serio el asunto

A Fernando Palacios, reputado experto en pedagogía musical de vanguardia, ya no le sorprende nada de lo que se va encontrando por las universidades españolas, que bien conoce. Pero hace unos años, en un centro universitario de Madrid destinado a la formación de maestros, un episodio anecdótico llamó su atención.

—Había 40 chicas y un chico. Hasta ahí, normal: aún existe el cliché de que ésta es una carrera «femenina». Pero pasó algo raro. El único que hacía preguntas era el chico. Ellas, se inhibían.

Sabía de sobra (lo saben todos los enseñantes) que en las clases los chicos suelen tomar la iniciativa mientras las chicas quedan en segundo plano, amilanadas, a pesar de que con la misma edad ellas suelen ser más espabiladas. Pero nunca

se le había manifestado de manera tan cruda. El asunto le dio que pensar.

A los pocos días, un informe británico disparó sus pensamientos: resulta que en Gran Bretaña los mejores resultados académicos son los que obtienen las alumnas de los colegios exclusivamente femeninos.

Desde entonces, Palacios da vueltas a una idea: quizá en determinados momentos, o determinadas materias, convendría separar los alumnos de las alumnas. Así se evitarían inhibiciones y abusos. Así ellas podrían defenderse mejor del prepotente varón y desarrollar con más libertad su personalidad. «Porque en la escuela, por muy mixta que sea, pasa lo mismo que en casa: las mujeres maduran antes, pero los hombres mandan

57

más. En esa relación, que a veces se impone por la fuerza, ellas salen perdiendo», explica.

No es el único que se hace tales reflexiones. Por primera vez, en los países avanzados se empiezan a discutir las bondades de la enseñanza mixta. En el día a día de los colegios se observan problemas: niñas que aprenden peor por estudiar con niños, y al revés. Profesores que prestan más atención a los niños que a las niñas, en las asignaturas que consideran *masculinas* (casi todas: según un estudio dirigido en 1988 por la socióloga Marina Subirats, los maestros reparten su verbo a golpe de prejuicios sexistas. En clase de Matemáticas, por cada cien palabras dirigidas a los niños tan sólo dirigen 54 a las niñas. En trabajos manuales la proporción es de 100 a 34). Actitudes machistas de ayer que se repiten en los colegios de hoy y se reflejan en su vida cotidiana: los niños se hacen fuertes en el patio y arrinconan a las niñas.

Quizá sean tan sólo problemas de rodaje, pero no por ello dejan de ser problemas. Se pueden resumir en uno: los niños compensan a base de fuerza bruta el hecho sabido de que las niñas maduran más deprisa. Hasta tal punto que ellas prefieren callarse, no exteriorizar esa superioridad suya temporal y dejar vía libre al poderoso varón. «A una de mis hijas, que respondió un día muy bien en clase de Matemáticas, un compañero la abrasó a pellizcos. Desde entonces no ha querido volver a hablar en clase», cuenta a título personal uno de los expertos consultados.

A esos problemas, en Estados Unidos y otros países suelen añadir otros: los de carácter sexual. Los conflictos de la calle tambien encuentran eco en las aulas: violencia sexual, acosos a edad temprana, agresiones, embarazos prematuros...

En España, la mayoría de los especialistas coinciden: una cosa es que haya problemas y otra que la enseñanza mixta sea intrínsecamente perversa. Es opinión general que este sistema educativo, implantado en España hace tan sólo diez años, supone un avance histórico en la igualdad entre hombres y mujeres. Esa opinión general nadie la discute, salvo algunas minorías ultraconservadoras. Tampoco los estudiantes. Los que han hablado para CAMBIO 16 restan importancia a los conflictos, dicen que «los expertos no se enteran de nada» y consideran «absurda» la hipótesis de una separación. Se encuentran bien como están, juntos.

Pero es obligado constatar lo que está ocurriendo: por primera vez los gobiernos, los enseñantes y las organizaciones feministas admiten un hecho que 20 años atrás, en tiempos de furor progre, hubiera parecido aberración ultra: la enseñanza mixta no es perfecta. Se debe revisar y mejorar, contemplando que los niños y las niñas tienen los mismos derechos, pero no los mismos problemas.

Los ministros de Educación europeos lo advirtieron por primera vez cuando comenzaron a indagar las causas del fracaso escolar, muy importante en los últimos años. El primer aviso lo dio en 1993 un informe elaborado por el prestigioso —se supone— servicio de inspectores británicos. Según el HMI (*Her Majesty's Inspectors*), las mujeres mejor preparadas para la vida profesional son las que han estudiado en centros femeninos.

© *Cambio 16.*

La educación K

Es que son más listas

Daniel Mermelstein

En Gran Bretaña, los colegios femeninos obtienen los mejores resultados académicos. Pero la educación segregada no basta para explicar ese fenómeno.

Que a las mujeres les va mejor en el colegio es un hecho en el Reino Unido. Cuando salen a luchar por plazas universitarias, las estadísticas demuestran que las muchachas tienen resultados escolares mucho más competitivos. En el caso de los jóvenes de 16 años, las tablas de resultados de exámenes nacionales que se publican cada año arrojan un número desproporcionadamente alto de

colegios exclusivamente femeninos en los primeros puestos.

Una rápida mirada a estos hechos parece ser suficiente para celebrar las virtudes de la educación segregada. Pero un análisis detallado muestra un panorama mucho más difuso. Tanto, que incluso la Asociación de Colegios Femeninos no se atreve a afirmar que sus colegios forman mejores

estudiantes. «Lo que sí creemos es que las muchachas se desarrollan mejor en colegios femeninos», dice Sheila Cooper, portavoz de la asociación.

Según Cooper, estudios realizados principalmente en Estados Unidos demuestran que en una clase mixta los hombres necesitan, y reciben, más atención por parte de los profesores. Además, en muchas asignaturas tradicionalmente masculinas como Ciencias y Matemáticas, las muchachas se sienten intimidadas y tienden a no estudiarlas o a adoptar una actitud más pasiva.

El profesor Alan Smithers, de la Facultad de Educación de la Universidad de Manchester, está de acuerdo con esa teoría. «Mucho de lo que hacemos en la vida viene acompañado de un *guión*. En ese guión, la ciencia y las matemáticas han sido tradicionalmente para los hombres», dice. Alan Smithers y Pamela Rodgers, también de la Universidad de Manchester, van a llevar a cabo un estudio durante los próximos nueve meses para intentar determinar si hay alguna diferencia entre colegios mixtos y segregados.

Mientras se conocen los resultados de ese estudio, las teorías de mercado dan una indicación de la actitud actual frente a los distintos tipos de educación. La mayoría de colegios no mixtos se encuentra en el sector privado, donde estudia apenas el 3 por ciento de la población escolar británica. En el sector público, más del 90 por ciento de los colegios son mixtos. Debido al coste de una educación privada (que puede fluctuar entre 5.000 y 12.000 libras anuales), los colegios tienen que estar muy pendientes de las preferencias de los padres.

Según Vivien Anthony, de la Conferencia de Rectores, en los últimos 20 años la mayoría de los colegios privados para hombres se han convertido en mixtos. De los 240 colegios representados en su organización, entre los que se cuentan los famosos Eton, Harrow y Marlborough, sólo 80 siguen siendo únicamente masculinos. «Aunque hay razones económicas para esto [la recesión ha reducido el número de familias que pueden costear una educación privada], también es cierto que en el pasado los padres preferían colegios segregados y ahora cada vez más los buscan mixtos», dice Anthony.

Comparar colegios mixtos y segregados es muy difícil por muchas razones. Hay demasiados factores que tienen influencia sobre el resultado académico. Los colegios privados, por ejemplo, tienen clases menos numerosas y generalmente más recursos que los públicos. Como la mayoría de los colegios segregados son privados, eso puede explicar sus mejores resultados. Igualmente, los colegios urbanos no son iguales a los rurales (la mayoría de los colegios privados son internados y rurales).

El estudio de la Universidad de Manchester intentará tener en cuenta todos estos factores, dice el profesor Smithers. «Pero me figuro que encontraremos muy pocas diferencias que puedan deberse al hecho de que sean mixtos o no». Según este académico, la evidente mejoría en el resultado escolar de las mujeres tiene que ver con el lento pero evidente cambio en ese *guión* de vida de las mujeres.

«No sólo se espera que las mujeres sean ahora tan profesionales y competentes como los hombres, sino que sus talentos particulares —su capacidad para trabajar en equipo y su facilidad para relacionarse con los demás— son cada vez más importantes y más buscadas en el mercado laboral actual». Así que tal vez a los muchachos les convendría dejar sus prejuicios y empezar a ir a los colegios de mujeres para ver como lo hacen.

© *Cambio 16.*

El problema de ser algo más que inteligente

Carlos de Vega

La sociedad y la administración olvidan las necesidades educativas de los superdotados

Niños superdotados

Características indispensables
- Habilidades intelectuales
- Creatividad
- Sociabilidad
- Habilidades artísticas
- Habilidad psicomotora

Factores que influyen

MEDIOAMBIENTALES
- Clima familiar
- Clima escolar
- Acontecimientos críticos en la vida

PERSONALES
- Estrés
- Motivación
- Hábitos de trabajo
- Ansiedad
- Habilidades innatas

Áreas donde se expresan los superdotados
- Deportes
- Lengua
- Ciencias
- Artes
- Tecnología
- Pensamiento abstracto
- Matemáticas
- Relaciones sociales

Fuente: Dr. Kurt Heller (Univ. de Munich)

C.TREJO

Si se le nota aburrido la escuela, tiene madera de líder y plantea dudas existenciales, puede ser que su hijo sea superdotado. Más de 60.000 niños en España *sufren* este privilegio. Y lo padecen porque ni la Administración pone los medios para tratarles, ni la sociedad es consciente del problema. Expertos de todo el mundo se reunieron esta semana en Madrid en el I Congreso Internacional sobre el Niño Superdotado y el Talento. Han intentado borrar prejuicios a favor y en contra de esos niños más que inteligentes y plantear las dificultades a que se enfrentan.

Un cociente de inteligencia de 140, es decir 30 puntos por encima de la media, no es sinónimo de ser superdotado. Muchos otros factores influyen, advierte el doctor Kurt Heller, autor de un método para identificar a estos niños. Tampoco hay que confundir a los pequeños superdotados, según los expertos, con los "niños talentosos", que desarrollan sólo alguna de sus capacidades. Irene Cícero Vélez, psicóloga, advierte que un genio en matemáticas puede ser un niño solitario. En cambio un menor superdotado destacará en todos los órdenes, incluso en su habilidad para relacionarse con los demás.

"Si tienes un hijo superdotado en España, tienes un problema". La Asociación para el Desarrollo de la Creatividad y el Talento (Credreyta) lamenta la falta de conciencia social hacia estos niños. Identificar a los superdotados con seres superiores a los demás, que no necesitan ayuda, es la imagen que hay que cambiar, según esta asociación.

Los test de identificación de niños superdotados son sencillos, según Esteban Sanchez Manzano, presidente de la Asociación Española para Superdotados y con Talento (AEST). Manzano advierte del peligro de someter a estos chavales a una batería de test inútiles, que sólo benefician al bolsillo de quien los hace. Para este profesor de educación especial de la Universidad Complutense de Madrid, son necesarias cuatro pruebas: inteligencia, test de cultura, estudio sobre las capacidades del niño y pruebas de personalidad. También es básico entrevistarse con los padres antes de ningún diagnóstico.

Tras identificar al superdotado, la respuesta del sistema educativo en España no suele ser apropiada. La única norma legal es un decreto de 1995 que contempla la educación acelerada — que permite hacer dos cursos en un año— y programas de enriquecimiento en clase. Pero muchos colegios no están preparados para la atención personalizada que reclaman los superdotados. España, según Manzano, les dedica menos atención que el resto del mundo desarrollado, incluidos los países del Este.

© El País.

El 50% de los alumnos de la UE, incapaces de hablar otro idioma

Cruz Blanco

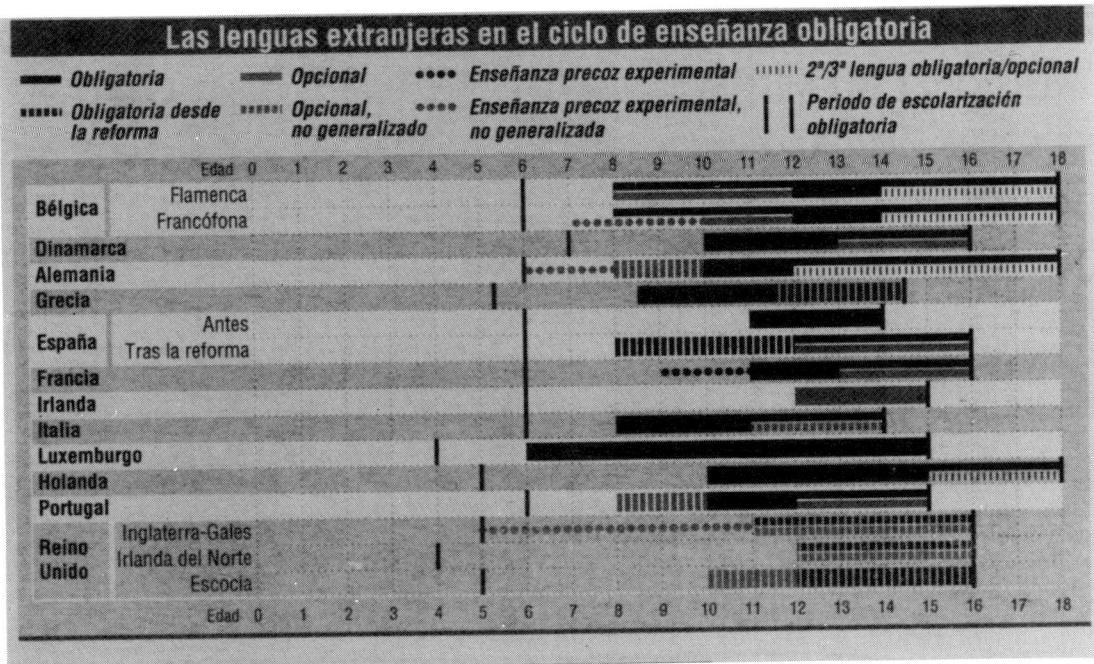

Las lenguas extranjeras en el ciclo de enseñanza obligatoria

— Obligatoria ▬▬ Opcional •••• Enseñanza precoz experimental ⅠⅠⅠⅠⅠ 2ª/3ª lengua obligatoria/opcional

▬▬ Obligatoria desde ▬▬ Opcional, •••• Enseñanza precoz experimental, Periodo de escolarización
la reforma no generalizado no generalizada obligatoria

Bélgica: Flamenca, Francófona — Dinamarca — Alemania — Grecia — España: Antes, Tras la reforma — Francia — Irlanda — Italia — Luxemburgo — Holanda — Portugal — Reino Unido: Inglaterra-Gales, Irlanda del Norte, Escocia

La ampliación del estudio obligatorio no ha mejorado el aprendizaje

España va subiendo en el escalafón de jóvenes con conocimiento de idiomas extranjeros. Se acabaron para los ibéricos aquellos tiempos en los que la mesa era *mesé* o la silla *sillé*, en francés. Lejano pasado aquel en el que no se salía del *my tailor is rich* o del *my cat is under the table*. Nuestro país se ha convertido en el tercero de los Doce de la UE en número de alumnos que estudian inglés en las aulas de secundaria, después de los Países Bajos y de Alemania, y al mismo nivel que Dinamarca. El 92% de nuestros estudiantes de medias se han decantado por este idioma en el curso 1991/92 como figura en los datos recogidos (entre los Doce, en el momento de realizarse el estudio, Suecia, Finlandia y Austria no habían ingresado en la UE) por la encuesta Eurobaromètre de la Comisión Europea, *Les chiffres clés de l'éducation dans l'Union Europeenne, 94*, recién publicada en Bruselas. La media de la UE está en el 83% de demanda del inglés.

El dato más paradójico tiene, sin embargo, su escenario en la enorme distancia que hay entre que la práctica totalidad de alumnos de secundaria de los Doce estudie algún idioma y que "sólo la mitad de ellos consiga dominarla lo suficientemente como para participar en una conversación", comenta el informe europeo citado. Y añade: "Esto es inquietante, y significa que hoy un tercio de los jóvenes son incapaces de conversar en una lengua extranjera, mientras el 89% de ellos han pasado por el aprendizaje".

Por ejemplo, hay un 35% de escolares entre los 15 y los 24 años que no habla ningún idioma extranjero y, aun cuando el 65% estudia inglés, sólo lo habla el 41%. "El idioma exige no sólo el aprendizaje", justifica Álvaro Marchesi, secretario de Estado de Educación y Ciencia, "sino una gran práctica y un entorno de experimentación, y la mayoría de los centros no son capaces de ampliar de esta forma los conocimientos".

Buen augurio

A esto se añade que hay países, como España, en los que los hábitos sociales hacen que se doblen las películas en cine y televisión, o que exista poca diversidad de oferta literaria en idiomas extranjeros. Pero los augurios son positivos porque el crecimiento del estudio de idiomas en las últimas décadas ha hecho que la generación anterior a la de nuestros jóvenes (entre los 15 y 24 años) se muestre hoy en pañales comparada con la de sus vástagos. La población adulta (55 años) irlandesa no tiene ni idea de español, mientras un 5% de sus hijos lo están cursando. Sólo el 3% de los padres españoles han aprendido inglés y el 6% francés, sus hijos se colocan en el 60% y el 21%, respectivamente.

La situación no es la misma en todos los países en lo que respecta al número de idiomas extranjeros por alumno. La media europea cursa 1,2 lenguas, mientras que los españoles se quedan en 1, al igual que Irlanda e Italia, y por delante del Reino Unido (0,9) y Portugal (0,8). El país europeo donde más se estudian otras lenguas es Holanda, con una media de 2,2 por estudiante. España mantiene el tipo en lo que a la primera lengua se refiere, pero cuando se trata de una segunda, eso es otro cantar, ocupa un discreto décimo lugar.

El inglés, el francés, el alemán y el español son, por este orden, los idiomas más solicitados, con una evidente trayectoria meteórica de la lengua de Shakespeare. Si la demanda del inglés ronda en general el 83% (Portugal, 55%), el francés no pasa del 32%, el alemán del 16% y el español, del 9%. Los jóvenes de secundaria españoles se permiten sin embargo una ingratitud con los franceses: sólo un 10% solicita aprender galo mientras que el 29% de nuestros vecinos se vuelca en el español, colocando así nuestra lengua en el segundo lugar de su demanda después del inglés.

© *El País.*

La educación N

Estudiantes contra el gobierno

Marisa Casado

Estudiantes de toda España siguen manifestándose contra la política educativa del Gobierno, apoyados por profesores y asociaciones de padres. Las negociaciones con el Ministerio de Educación están paralizadas, y mientras no se llegue a un diálogo fructífero seguirán las huelgas y las movilizaciones. Para enero hay ya previstas más jornadas reivindicativas

Los estudiantes piden un aumento en el presupuesto para educación.

Nada parece haber cambiado. La lucha entre estudiantes, profesores y padres de alumnos contra las medidas presupuestarias tomadas por el Ministerio de Educación aún no ha tocado fondo. Es más, la presidenta del Sindicato de Estudiantes, Bárbara Areal, de 28 años —que comenzó su labor sindical en 1986—, asegura que en estos momentos existen más motivos de lucha respecto al 14 de noviembre, fecha en la que tuvo lugar la primera huelga general de estudiantes. Además del recorte presupuestario, los problemas de masificación, el despido de profesores y los derechos democráticos, una nueva amenaza se cierne contra el alumnado: el posible endurecimiento de la selectividad.

Estas han sido, entre otras, las razones por las que miles de estudiantes de toda España decidieron el pasado miércoles día 4 salir de nuevo a la calle, apoyados esta vez por los universitarios. En Madrid tuvo lugar la manifestación más numerosa y también la más difícil. Varios grupos radicales comenzaron a arrojar piedras y huevos contra el ministerio, los sindicatos y los coches de Policía, lo que provocó que una parte de la misma cargara contra los manifestantes y disolviera rápidamente la concentración. Pero los estudiantes no piensan echarse atrás y ya reponen fuerzas para continuar luchando los días 11 y 12 de diciembre convocando nuevas manifestaciones.

Según Areal, la ministra de Educación y Cultura, Esperanza Aguirre, no se está responsabilizando de su política educativa: «Lo único que quiere es quitar dinero de la enseñanza pública y aumentar el de la privada concertada, despedir profesorados en los centros públicos y endurecer la selectividad», comenta.

Por su parte, las respuestas del ministerio a las convocatorias de huelga contradicen las reivindicaciones estudiantiles. Temas como el recorte de presupuestos y el endurecimiento de la selectividad han sido varias veces desmentidos.

Los estudiantes aseguran que este año hay más de 1.500 millones de pesetas menos para mantenimiento en enseñanza primaria y secundaria y 9.000 millones menos en inversiones para educación. Sin embargo, la ministra afirma que no se puede hablar de recorte presupuestario y que el gasto en enseñanza pública ha aumentado en un 3,8 por ciento.

Respecto a la selectividad, el Consejo de Universidades ha aprobado una ponencia de reforma de la misma, que según Areal «de llevarse a cabo implicaría un fuerte endurecimiento y muchos jóvenes quedarían fuera de la universidad».

El ministerio, no obstante, dice que el documento tiene que ser estudiado y que antes de tomar una decisión escuchará a todas las partes implicadas. La clave, pues, parece estar en un diálogo que según los estudiantes no es posible, porque el ministerio ha cerrado sus puertas a la negociación.

Privatización de la enseñanza

Uno de los temas que más han indignado a estudiantes, padres de alumnos y profesores es el aparente interés del ministerio en favorecer a la escuela privada concertada. Las aportaciones públicas a la enseñanza privada se han incrementado en un 5 por ciento, mientras la escuela pública sufre cada vez más recortes.

«El Gobierno ha olvidado su obligación de proteger lo público, porque su objetivo es la privatización de la enseñanza. Me parece bien que la privada reciba más dinero, pero no es justo que se olviden de nosotros»,

afirma Carlos Ladrón de Guevara, presidente de Confederación Española de Asociaciones de Padres de Alumnos (Ceapa). Y añade: «De hecho, los profesores de la escuela privada concertada serán los únicos que tendrán aumento de sueldo el año que viene».

Lo mismo opina Silvio Navalón, responsable de la Federación de Enseñanza Pública no Universitaria: «La ministra habla de la educación como si hablara de una empresa cualquiera en lugar de un servicio público. Esto no se puede hacer, porque la escuela pública juega un importante papel de redistribución de justicia social, dando un servicio gratuito y de calidad». Según Navalón, el aumento de los presupuestos va directamente al bolsillo de los empresarios.

A los profesores de enseñanza pública se les ha juntado la bajada de presupuestos para educación y la congelación salarial. Según Ladrón de Guevara, todo esto hace mella en la calidad de la enseñanza y la satisfacción a la hora de impartir las clases: «Aparte de la falta de medios causada por los bajos presupuestos, la congelación salarial hace que los profesores estén menos incentivados para trabajar. Y si no hay ilusión por

Bárbara Areal: "La ministra pretende quitar dinero de la escuela pública y aumentar el de la privada"

parte del profesorado, tampoco la habrá por parte de los alumnos».

Para Areal, el problema de fondo no es sólo el recorte global de educación, sino el criterio discriminatorio. Según ella, el Gobierno afirma que la enseñanza pública no funciona porque no hay efectividad ni rentabilidad, «pero con estos presupuestos y los despidos de profesores lo único que van a conseguir es que la escuela pública se deteriore cada vez más en favor de la privada concertada», comenta la portavoz del sindicato de estudiantes.

«Una movilización dura»

Las huelgas y manifestaciones de estudiantes, padres y profesores tienen en estos momentos un objetivo prioritario: abrir un diálogo claro con el Gobierno con el fin de no enturbiar aún más la situación. Pero ninguno de ellos confía en que se llegue a un acuerdo, al menos a corto plazo.

Razones para un conflicto

Estudiantes	Ministerio
● No al endurecimiento de la selectividad.	● Quiere reformar la selectividad de forma que satisfaga a todas las partes implicadas y no decidirá nada hasta estar seguro de que dicha reforma mejorará la actual situación.
● No a los recortes presupuestarios en educación. Piden que se destine como mínimo el 6 por ciento del PIB.	● Dice que no se puede hablar de recorte presupuestario cuando se contempla una subida del 1,38 por ciento.
● No a la masificación y un máximo de 25 alumnos por aula.	● Comenta que en el curso 96–97 todos los indicadores que controlan la masificación han mejorado.
● Un diálogo abierto con el ministerio, que ha cerrado sus puertas.	● Está completamente abierto al diálogo con las asociaciones estudiantiles.
● Elaboración de una Carta de Derechos y Deberes que reconozca el derecho de huelga y reunión en hora lectiva y respete sus derechos como jóvenes.	● Está dispuesto a recoger todas las sugerencias de cambio de la actual Carta de Derechos y Deberes de los estudiantes.

© *Cambio 16.*

La educación O

50.000 personas se manifiestan en Madrid en defensa de la enseñanza pública

Carlos Arroyo

"Una lucha en favor de la civilización"

El escritor Fernando Savater dijo ante miles de manifestantes frente a la sede del Ministerio de Educación: "La educación pública no es un logro de las izquierdas ni las derechas, sino una conquista de la civilización democrática. No hay civilización democrática desligada de la presencia del Estado en la educación de los ciudadanos, en su formación integral en el respeto, en la solidaridad, en la creación y en las cualidades más nobles y menos comerciables del ser humano".

En su intervención, que no llevaba preparada porque inicialmente iba a encargarse de leer el manifiesto conjunto, el autor de *El valor de educar* vaticinó: "El siglo que viene se producirá una división por clases marcada por la información y la educación: los que saben y los ignorantes. De ahí el afán por controlar la educación. Es responsabilidad del Estado luchar contra la ignorancia, evitar que unos pocos reciban una buena educación y el resto, una enseñanza basura. Las democracias tienen miedo a los ignorantes, pero hay personas a las que interesa mantener una ignorancia controlada".

El filósofo caracterizó la educación pública como "una lucha contra la fatalidad, para evitar que los hijos de los pobres sigan siendo pobres". "Es el antidestino, la lucha para que todos estén en la misma línea de salida. La educación no es un problema de cada padre con sus hijos, es un problema de todos los ciudadanos", añadió.

"Las democracias tienen que educar en defensa propia contra el racismo, contra el fascismo, contra la intolerancia, porque una persona tolerante es un invento, una obra de arte que hay que crear educativamente. La lucha por la enseñanza pública es una lucha en favor de la civilización, para que en el siglo XXI reparemos los horrores de éste que ya estamos abandonando", concluyó Savater entre los aplausos de los manifestantes.

© *El País.*

Estudiantes: guía para el futuro universitario

Cómo elegir carrera, aprovechar al máximo la Universidad y prepararse para el mundo laboral

Elegir una carrera no va sólo en función de las notas y los gustos personales. Pensar en la profesión futura, en contenidos que motiven de verdad y en las aptitudes personales son garantías de éxito. Éstas son algunas ideas básicas para aprovechar los años de Universidad.

La elección
¿Qué es lo primero que debo pensar?
* En el oficio, en la profesión que te ves ejerciendo en el futuro. Aunque ahora te parezca que vas a estar un montón de tiempo en la Universidad, no es nada comparado con los años que te esperan buceando en el mercado de trabajo.
* En que lo que realmente importa es que elijas una carrera que te motive de verdad y a la que objetivamente te sientas capaz de enfrentarte.
* En que conoces de verdad la profesión que te gustaría ejercer. Asegúrate de que no tienes una idea distorsionada o idealizada por películas de lo que supone realmente ejercerla.
* En si reúnes las cualidades necesarias para ejercer la profesión para la que vas a estudiar. Como por ejemplo, si tienes un carácter lo suficientemente abierto para ser comercial o relaciones públicas, si te gusta trabajar en equipo o prefieres que te dejen a tu aire. Pregunta a la gente que te conoce, a tus amigos y familiares.

¿Cuáles son los errores que no debo cometer?
* No es conveniente que elijas una carrera pensando en las asignaturas que te han gustado en el bachillerato. El que te gusten no te garantiza que estés dotado para ellas. Es tan importante que la carrera te motive como que se te dé bien. Piensa en tus aptitudes.
* No te desanimes si no has sacado buenas notas en BUP y COU. Puede que haya sido por falta de motivación o porque no te sentías a gusto. Eso no quiere decir que vayas a ser un mal estudiante en la Universidad.
* Recuerda que hay un porcentaje mucho más alto de fracaso entre los estudiantes universitarios que han elegido carreras poco exigentes que entre los que las eligen difíciles. Analiza si esto te puede pasar a ti. No te empeñes en hacer una carrera si no estás convencido, porque te va a dar pereza, por fácil que sea.

¿Cuándo debo plantearme ir a estudiar a otra ciudad?
* Cuando la nota media de BUP y COU no sea suficiente para entrar en tu Universidad en la carrera con la que sueñas. Infórmate en tu Universidad sobre cómo acogerte al distrito compartido. Además, en el mercado de trabajo valoran muchísimo a la gente que sabe adaptarse sin problemas a los cambios de lugar.
* El inconveniente de estudiar en una localidad distinta a la que vives es que sale más caro. Entérate de las becas que dan algunas comunidades autónomas y la Universidad.
* Si te mueves de ciudad, ten en cuenta que debes asumir la responsabilidad de estudiar y estar decidido a vivir solo. Al principio parece fácil, pero al cabo del tiempo puede resultar duro. Si quieres estar acompañado, alójate en un colegio mayor los primeros años.

¿Y si no consigo decidirme?
* No te agobies. Piensa que el mercado laboral es muy cambiante y que aunque ahora optes por una carrera determinada, es muy posible que a lo largo de tu vida tengas que reciclarte hacia otras áreas distintas. Si estás en este caso, intenta elegir una carrera que te atraiga, pero que además te permita acceder a diferentes tipos de trabajos, como Ciencias Empresariales, Ingeniería Industrial o Derecho.
* Haz un test de orientación vocacional dirigido por un especialista. Pide información en la consejería de Educación de tu comunidad autónoma, recurre a un gabinete privado de psicólogos (que te puede costar unas 5.000 pesetas) o pregunta al psicólogo de tu colegio o instituto.
* También venden programas informáticos sobre cómo elegir carrera. Está bien que los uses para estar mejor informado, pero si realmente estás hecho un lío, es recomendable que recurras a la ayuda de un especialista que analice tu caso.

© El País Semanal.

La lotería de junio

Inmaculada de la Fuente

Doscientos mil jóvenes se juegan su futuro en la selectividad, una prueba cada vez más cuestionada

El ogro no parece tan fiero visto a una prudente distancia. Claro que de cerca es diferente. Tres días encerrados con el ogro dentro de la jaula pueden llegar a ser tan devastadores que sólo uno de cada 10 estudiantes logre que su examen de selectividad sea más brillante de lo que lo ha sido su bachillerato. De ahí que a uno de cada tres aspirantes le *salve* su historial académico frente a la demoledora resaca de junio. Al final, al cabo de esos tres días de vértigo, cerca del 88% suele salir más o menos airoso y tiene vía libre para entrar en la Universidad. ¿Por qué puerta? Ésa es la segunda parte del laberinto. Ahí es donde de verdad se juegan su futuro. Un futuro en el que la nota ya no es una calificación ni un valor en sí, sino una moneda de cambio para optar a una plaza pública.

Entonces, se preguntan algunos, ¿para qué tanto tinglado examinador si el sistema acaba siendo, en buena parte, una incierta lotería? Algún procedimiento hay que emplear para seleccionar a los cerca de 210.000 candidatos que se presentarán este año —unos miles menos que el año pasado por razones demográficas, lo que repercutirá en la rebaja de las notas de corte exigidas para entrar en las carreras *vips*—,[1] y éste no es del todo malo, dicen los más pragmáticos. Otras voces, sin embargo, como la de Francisco J. Morales, vicerrector de estudios de la Universidad de Valencia, admiten que el sistema se ha pervertido y que "ha dejado de ser una forma de selección para convertirse en una forma de ordenación de candidatos" con vistas a su ingreso.

El pequeño drama anual se repite cada junio. Los jóvenes que ya han aprobado en sus colegios o institutos el COU —no hay que olvidar que cerca de la mitad no llegan a superarlo— comienzan un nuevo ritual de esfuerzos. Cigarrillos, insomnio, tazas de café mezcladas con latas de *coca-cola*, algunas *anfetas*, dopajes vitamínicos, chuletas electrónicas, cómplices con radiocasetes, novenas a santa Rita.[2] Para muchos, esos tres días de exámenes forman parte de una ceremonia de iniciación, la de tirar por los aires el último instante de su adolescencia. Para otros, sólo representa un nuevo trámite, esa enésima ventanilla en la que se deposita el último deseo a cambio de una póliza. Como todos los años.

En capilla

"Al chico, ahora, no se le puede ni hablar", dice cautamente un padre de su vástago, ya en capilla. Porque junio no sólo trae calor, sino una enfermedad *juvenil* que se llama selectividad. Para los afectados, para esos aspirantes que, como José Mari Aznar *junior* [3] —alumno del colegio madrileño de los jesuitas Nuestra Señora del Recuerdo—, se examinan estos días, el

esplendor del verano no supone ningún alivio. Si no ha heredado la flema de su padre, el joven Aznar sufrirá hasta el 24 de junio combates diarios contra el sueño.

Hace calor en el patio del instituto Ramiro de Maeztu (en Madrid), el 12 de junio —el mismo día que en Pamplona comenzaban las pruebas—, pero en el interior de las aulas el bochorno cede. Luis, de 18 años, tiene entre sus manos un folio con las preguntas del ejercicio de matemáticas del año pasado y las comenta con Etna, de 18, y Fernando, de 17. Los tres quieren estudiar Administración y Dirección de Empresas en la Universidad Carlos III —Luis aclara que él, en la Autónoma—, y en principio sus notas medias de bachiller no son malas —8,3 Luis; Etna, 7,3, y Fernando, 8,2—. "El año pasado, en la Carlos III pidieron un 6,6", comenta Etna. "Así que ya sé que tengo que sacar un 6". Su preocupación es que no le alcance la nota y tenga que quedarse con su *segundona*, Periodismo. La alternativa de Luis, en cambio, es Educación Física —tiene un bien trabajado cuerpo de atleta—, por muy alejada que parezca de la Economía.

"Soy consciente de que las pruebas actuales producen desasosiego y no satisfacen", declara Alfonso Fernández de Miranda, director general de enseñanza superior. "El Senado aprobó una moción en 1995 que insta a renovarlas en el sentido de que se valore el perfil curricular del estudiante y que se incremente la presencia de los profesores de secundaria en las pruebas. Eso es precisamente lo que está estudiándose ahora en el Consejo de Universidades y ésa es la línea por la que iremos", anuncia. Las Nuevas Generaciones del Partido Popular[4] han ido más lejos al reiterar su rechazo a la prueba,

"un sistema fracasado y caduco" y "una tapadera" utilizada por el Estado "para poder decidir qué carrera deben cursar los estudiantes", dicen.

"Nosotros estamos rotundamente en contra de la selectividad", afirma Francisco Delgado, presidente de la Asociación de Padres Progresistas. "Todos los alumnos que llegan de la escuela pública vienen ya avalados con sus notas, y exigirles nuevas pruebas es no creer en nuestro propio sistema. Otra cosa es que se imponga alguna cautela o algún control a los alumnos que proceden de la privada...", añade. "Lo que ocurre es que hay gente a la que no le interesa mover esto, gente que cobra dietas y que obtiene prestigio y que no tienen voluntad de cambio", concluye.

Demostrar capacidades

"Lo que distorsiona el sistema es que se esté generando un mercadeo de notas que hace que muchos escojan la carrera en función, no de sus aptitudes, sino de la nota que tienen", advierte Fernando Arroyo, catedrático de Geografía e Historia en la Universidad Autónoma y antiguo catedrático de instituto, además de director del ICE[5]. "Es cierto que hay cierta tensión de fondo entre los catedráticos de universidad y de instituto frente a las pruebas. Pero, en contra de lo que se supone, los de universidad tienden a ser menos *duros* que los de instituto al corregir, porque como no sabes cómo se lo han explicado, eres más comprensivo", argumenta. "A fin de cuentas, tampoco estás defendiendo Numancia",[6] añade.

© *El País.*

---

1 las carreras vips: carreras para "very important persons".
2 *novenas a santa Rita*: rezos en una serie de nueve a Santa Rita, patrona de los imposibles.
3 *José Mari Aznar*: hijo del Presidente del Gobierno.

4 *Partido Popular*: partido político conservador.

5 *ICE*: Instituto de Ciencias de la Educación.
6 *defendiendo Numancia*: se refiere a la dificultad que tuvieron los antiguos iberos al intentar defender (y últimamente perder) la ciudad de Numancia (cerca de Soria), contra los romanos.

El absentismo, única salida ante la masificación

Las aulas universitarias crujen con la avalancha de octubre hasta que empieza la deserción

La protesta estudiantil contra la masificación ha surgido este año en la Universidad de Santiago, aunque el problema afecta a casi todos los distritos, tal y como refleja la panorámica de algunas aulas de Derecho, Económicas y Empresariales, tres de las carreras con mayor demanda. Con cerca de 300.000 alumnos, es difícil imaginar cómo puedan las facultades de Derecho asumir la responsabilidad de proporcionar la formación práctica que demanda el Consejo General de la Abogacía. Los alumnos aseguran que la masificación es una invitación a la deserción, lo que confirman las autoridades académicas, acostumbradas a soportar cada año la avalancha de octubre a la espera de que comiencen a faltar a clase.

Los estudiantes de Ciencias Políticas de la Universidad de Santiago de Compostela no son los únicos, ni los primeros, que soportan estrecheces en las aulas, pero sí los más ingeniosos en llamar la atención sobre el problema. Primero improvisaron una clase al aire libre, el 16 de octubre, convirtiendo la plaza del Obradoiro en un aula en la que se cantaron consignas como "Rector, tú en tu despacho sí que tienes espacio". Al día siguiente cambiaron de estrategia y convirtieron la protesta en una huelga a la japonesa, acudiendo masivamente a la facultad.

"Cuando llegué a las nueve de la mañana, ya no había sitio donde sentarse", comenta resignada Ana Seijas, alumna de cuarto curso. "La gente seguía la clase desde el pasillo, porque en el aula sólo cabían 80 personas y había 150. El profesor dijo que daba clases igual, aunque había gente sentada en la tarima y apoyada en su propia mesa. Nunca había visto tanta gente en clase; incluso hubo un compañero que le pidió al profesor si le podía dejar su sillón y su mesa, a lo que, por cierto, accedió, dado que iba a dar la clase de pie. Para que pudiera salir alguien teníamos que movernos todos porque estábamos como sardinas en lata".

Con mil alumnos este año, la facultad de Políticas, que comparte instalaciones con Relaciones Laborales, es el mejor ejemplo de la falta de espacio en Compostela. La llegada de alumnos de otras carreras, fundamentalmente Derecho, que entran en el segundo ciclo,[1] agrava el problema.

---

1 *ciclo*: las carreras universitarias consisten en varios ciclos de estudios, por ejemplo dos ciclos, cada uno de dos años, para una licenciatura de cuatro años.

Solución provisional

La junta de gobierno de la Facultad plantea como solución provisional habilitar aulas en otras facultades. "En principio se acordó utilizar temporalmente algunas aulas de Biología y se prevé que a partir de noviembre podamos contar con dos nuevas aulas, que se están construyendo en Derecho, asegura el decano de Políticas, Vilas Nogueira.

La masificación provoca el desánimo de los estudiantes, como comenta Luís García, en cuarto curso: "Cuando por mucho que madrugues te encuentras sin espacio fisico, incluso para colocar una silla, entonces te desanimas. No hay incentivos: te limitas a dejar de asistir a clase adoptando el método tradicional basado en la dualidad apuntes-exámenes".

Y eso que la universidad compostelana, con cerca de 40.000 estudiantes y un *campus* en Lugo, ha visto algo atenuado el problema de la masificación con la descentralización universitaria en Galicia a partir del año 1989, al crearse las universidades de La Coruña y Vigo.

En la facultad de Derecho de la Universidad de Barcelona todo recuerda a un concierto de rock. A diario, centenares de *fans* tratan de hacerse con un asiento privilegiado desde donde oír *cantar* —acostumbran a ser *solos* de derecho civil, procesal o hacienda— a sus profesores. El problema es que esos *fans* son tantos que rebasan el aforo de los locales donde se realizan las actuaciones y deben contentarse con seguir el recital sentados en el suelo, en el alféizar de la ventana o, simplemente, de pie.

Hay que afinar el oído

Los alumnos, sin embargo, ya están acostumbrados a las aglomeraciones y a tener que afinar el oído para entender algo. Y eso a pesar de que los profesores usan, igual que las estrellas del rock, micrófonos inalámbricos. "Sí, pero como te quedes por las últimas filas vas listo. Hay interferencias y más de una vez escuchas al *profe* de la clase de al lado y al tuyo a la vez", explica Víctor Blasco, de 24 años.

"¿Masificación? ¿Quieres que hablemos de masificación? Vale, ahí va, apunta", ordena David Buxó, de 24 años (quinto curso). "La masificación", interrumpe Víctor, "es la causa de que a estas alturas de curso los alumnos no tengamos aún la guía del estudiante de que debamos esperar a agosto para que aparezcan las notas de junio, a pesar de que los exámenes son en septiembre y de que... "¡Si somos tantos que hasta se han llegado a dar casos de echar a gente de clase!", asegura David. "Lo peor es cuando algún profesor tiene fama de aprobar más que otro, como pasó el año pasado en Derecho Mercantil. Entonces la gente se cambia de grupo y podemos coincidir más de 2.000", asegura.

La decana de la facultad, Maria Teresa Gispert, sin embargo, explica que la situación ha mejorado sensiblemente en los últimos años "con la creación de nuevos grupos". "Lo que ocurre", reconoce, "es que nosotros no podemos decidir el número de alumnos, sino que éste nos viene impuesto por el Consejo de Universidades y la Generalitat de Cataluña". En la actualidad cursan la licenciatura de Derecho cerca de 10.000 alumnos, cuando la oferta de asientos es de 4.000.

"El verdadero problema es que el 80% de los alumnos deciden estudiar por las mañanas", asegura el jefe de estudios de la facultad, el doctor Carmelo Gómez. "Lo ideal sería que se aplicara algún sistema, tipo sorteo o algo así, pero es imposible".

Pero Gispert reconoce que de nada sirve lamentarse. "Lo que está claro", lamenta la decana, "es que con estas cifras de alumnos no es posible establecer ese diálogo básico entre alumno y profesor".

© *El País*.

69

Algunas facultades aún no han previsto la terminación femenina en los títulos

Alicia Mederos

Isabel Blas emprendió en solitario en 1993 una ardua batalla para conseguir que el título que debe acreditar su licenciatura en Ciencias de la Información recoja su condición de mujer. Llegó a involucrar en su lógica reivindicación a más 3.000 personas, cuyas cartas en demanda de la plasmación oficial de la letra a en los diplomas inundaron el Registro de Educación y Ciencia. Su pelea culminó, aparentemente, en una orden ministerial por la que se obliga a expedir los títulos con la expresión pertinente al género del, o de la, solicitante. Eso sucedió en marzo del presente año. La orden se publicó el 28 de dicho mes en el *Boletín Oficial del Estado*.

La batalla continúa

Pero la batalla parece no haber terminado. Cuando Isabel Blas acudió a solicitar un duplicado de su título de "licenciada" se encontró prácticamente con la misma respuesta de hace dos años. "Me quedé de piedra", cuenta, "esta gente parecía ignorar la existencia de la orden ministerial. Pero lo surrealista fue que comprendí en pocos minutos que la persona que me atendía conocía la existencia de la orden pero prefería, no sé por qué, negarlo. Es increíble que aún tengamos que desgañitarnos en explicaciones sobre un asunto tan sencillo y obvio como éste".

La perplejidad de Isabel Blas fue en aumento cuando leyó hace unos días en este periódico la queja de Paloma Barreiro, licenciada en Geografía e Historia, en la cual manifestaba su sorpresa porque figura como "licenciado" en su título.

La sospecha de Isabel Blas, de que Barreiro seguramente desconocería la existencia de la orden ministerial, se confirma en el diálogo con este periódico: "No tenía ni idea", comenta Paloma, "nadie me dijo en la facultad que existiese tal orden. De hecho, lo único que me

dijeron es que no se podía expedir el título con la denominación de *licenciada*. La verdad es que no lo entendí porque me resulta difícil aceptar que en un país donde las mujeres han conquistado ciertos espacios hasta hace poco reservados para los hombres, un país donde se dice luchar por la igualdad, puedan darse situaciones tan aberrantes. No supe qué decir, salvo mostrar mi indignación. Pero ahora, por supuesto que voy a exigir mi título como licenciada".

Pese a que muchos pudieran pensar que una reivindicación de este calibre apenas sí pasa de ser un detalle que en nada cambia la posesión de un título universitario, para ambas mujeres el verdadero trasfondo apunta directamente a cuestiones "tan básicas" como reconocer que el mundo, "el académico también", es tan femenino como masculino.

© *El País*.

Un colegio madrileño

Cerca de Ríos Rosas, en la parte alta de la calle de Serrano, queda el Instituto Ramiro de Maeztu, que fue donde cursé mis primeros estudios. Se trataba por aquel entonces de un colegio con cierta fama en cuanto a sus virtudes docentes; luego ganó mayor notoriedad todavía como cantera de un equipo de baloncesto que fundó, entre otros, mi tío José Luis. El equipo debía llamarse también «Ramiro de Maeztu», pero los jerarcas del régimen encontraron que era poco serio y acabó con el nombre, que todavía guarda, de «Estudiantes».

La vocación deportiva debía insinuarse ya cuando me llevaron allí, porque lo único que recuerdo de aquel instituto son las clases de gimnasia, en que formábamos todos en largas hileras para hacer luego ejercicios a la voz de mando del profesor. A mí esas manifestaciones de compás y armonía me daban muchísima vergüenza, y cuando había que dar un paso a la derecha, o la media vuelta, me quedaba quieto en mi sitio con la intención de pasar inadvertido y procurando no molestar. Pero sin que yo pudiera explicarme el por qué, ese alarde de modestia ponía fuera de sí al profesor que daba las órdenes; una y otra vez se acercaba corriendo a preguntarme si es que no había entendido lo que tenía que hacer. Yo le contestaba que sí, que lo había entendido muy bien, cosa que era del todo cierta, y, una vez apaciguado, el profesor empezaba de nuevo el ejercicio. Pero yo seguía inmóvil, y él se ponía a berrear.

Del Ramiro de Maeztu me echaron a los pocos meses y ni siquiera tuvieron el buen gusto de disimular el motivo de tan drástica decisión. El director llamó a mi padre y le explicó muy claramente, sin más, que lo que pasaba es que hay niños listos y niños tontos, y que aquél era un colegio para niños tirando a normales. Cuando el hombre le contó mis problemas con la gimnasia mi padre se quedó francamente preocupado y durante varios días me sometió a rigurosos interrogatorios que seguían siempre, con alguna que otra variante, el mismo guión:

—Pero bueno, ¿tú no oías las órdenes del profesor?

—Sí, sí que las oía.

—¿Y entendías lo que había que hacer?

—Hombre, claro. Si es muy sencillo. ¡Un paso a la izquierda! y das un paso a tu izquierda. ¡Media vuelta! y te das la vuelta...

CJC[1], a esas alturas, se aplastaba el pelo con la mano, nerviosamente, y bizqueaba un poco y todo.

—A ver, niño, da la media vuelta.

Yo me ponía firme, con las manos pegadas al cuerpo, y me daba la media vuelta con poca técnica, cierto es, pero rápida y aplicadamente y conservando un aire bastante marcial.

—¡No lo entiendo! Pues si sabías lo que tenías que hacer, ¿por qué no te dabas la media vuelta, o la vuelta entera, o las vueltas que le diera la gana al profesor?

—Es que me daba vergüenza...

Mi sonrisa tímida y complaciente bastaba para que mi padre se rindiese. Sin saber demasiado qué hacer, mantuvo largas conversaciones con mi madre y con mi abuela Camila, a cuya opinión siempre se le dio mucha importancia en la familia. Las dos mujeres coincidían en su diagnóstico.

—Si le daba vergüenza al crío, ¿por qué iba a darse la vuelta? ¡Faltaría más!

© *Cela mi padre*, de Camilo José Cela Conde. *Ediciones Temas de Hoy*.

El poder de las palabras

Luis Rojas Marcos

Investigaciones recientes demuestran que hablar regularmente a los bebés durante el primer año de vida tiene un profundo efecto positivo en el desarrollo de su cerebro y de su

---

1 *CJC*: Camilo José Cela, padre del autor y ganador del premio Nobel de Literatura en 1989. Entre las mejores novelas de Cela se encuentran *La familia de Pascual Duarte* (1942) y *La colmena* (1951).

aptitud para aprender. El número de palabras dirigidas a las criaturas al día constituye el estímulo más poderoso para agudizar la inteligencia y avivar la capacidad de razonar, de resolver problemas y de relacionarse con los demás. Cuantos más vocablos por hora escuche el pequeño, mejor. Las palabras no tienen que ser complicadas o esotéricas, basta con que sean pronunciadas en tono afirmativo por un ser humano afable, atento, interesado y envuelto emocionalmente con el bebé. Los mensajes transmitidos por la radio o el televisor no tienen este impacto saludable.

Los cimientos del pensamiento racional se establecen en los primeros meses de existencia, mucho antes de que la criatura muestre signo alguno de distinguir entre una idea abstracta, como "mañana" o "ayer", y su chupete. El cerebro del recién nacido está ansiosamente esperando recibir los primeros estímulos del nuevo entorno para configurar las conexiones entre los millones de neuronas que forman el entramado de materia gris que le va a permitir ser perceptivo, inteligente, adaptable y creativo.

Mientras que los genes gobiernan el desarrollo del cerebro humano antes de nacer, una vez que venimos al mundo son los mensajes del ambiente los que dominan este proceso. El flujo constante de imágenes, de sonidos, de olores, de caricias, y sobre todo de palabras acompañadas de contacto visual y de emoción, es lo que impulsa y determina la organización de la mente del pequeño.

Es cierto que las criaturas también maduran en compañía de padres o cuidadores reservados o taciturnos. De hecho, la gran mayoría de los bebés aprende a sentarse, a gatear, a andar, a hablar, a comer solos y a comunicarse, independientemente del nivel de actividad verbal que experimenten en el hogar familiar. Pero la habilidad para comprender y discurrir en una sociedad tan tecnológica, tan diversa y tan compleja como la nuestra no brota espontáneamente ni con la misma fuerza en ámbitos estimulantes y aburridos.

La influencia del equipaje genético y de las experiencias de la infancia en la formación de la personalidad del adulto ha sido reconocida desde que el monje Gregor Mendel[1] y el psicoanalista Sigmund Freud hicieran públicos sus descubrimientos el siglo pasado, pero el enorme peso del habla es algo nuevo. Esto no quiere decir que debamos bombardear a los niños pequeños con todo tipo de información, pues cuando el cerebro se expone a estímulos excesivos se autoprotege y se apaga. Lo importante es conectar emocionalmente con el bebé a través de las palabras. Esta sintonización sirve como imán para el desarrollo intelectual y emocional de la criatura.

Un significado de estas investigaciones es que los niños progresan más cuando están rodeados de personas que no sólo son responsables y cariñosas, sino además habladoras, que se expresan con claridad y que utilizan términos que acaparan la atención y permiten la participación de los pequeños. De todo lo cual se deduce la conveniencia de promover proyectos educativos para padres y cuidadores, lo mismo que programas de intervención precoz que fomenten la comunicación y el dinamismo verbal, tanto en el seno de la familia como en las guarderías.

Vivimos en un océano de palabras, pero, como pasa a los peces en el agua, casi nunca somos conscientes de que éstas enlazan nuestras actividades y fraguan las relaciones. Y en el caso de nuestros bebés, las palabras tienen además el poder de configurar las facultades del alma y, de paso, decidir su suerte.

---

1   *Gregor Mendel* (1822-84): biólogo austríaco que fundó la genética. Según el mendelismo todas las características humanas son heredadas mediante los genes, que son transmitidos por los padres.

Cuarta parte: Vocabulario

a base de	by means of	agarrado	clutching
a corto plazo	in the short term	agilizar	to speed up, improve
a duras penas	with great difficulty	aglomeración	crowd
a estas alturas	at this point, at this stage	agobiarse	to be depressed
a fin de cuentas	in the last analysis	agobio	anxiety
a golpe de	by means of	agotarse	to run out
¡ahí va!	here it is!	aguantarse	to restrain oneself
a la hora de	when	agudizar	to sharpen
a más tardar	at the latest	ahogarse	to suffocate
a pellizcos	with pinches	ahondar	to examine in depth
a sabiendas	knowingly	ahorrillos	savings
a simple vista	on the surface	ahuecado	blow-dried
a todas luces	in every way	ahuecar	to scoop up
abarcar	to take on	aindiado	Indian-looking
abatimiento	depression	airoso	successful
Abogacía	Legal Profession	ajedrez (m.)	chess
abotargado	bloated	ajetreo	bustle
abrasar	to burn	ajuar (m.)	household furnishings
abrir en canal	to cut open	al alcance de	within reach of
abstinencia	withdrawal	al raso	in the open
acapar la atención	to hold the attention	alarde (m.)	display
acechar a	to beset	alargar	to lengthen
achacar	to attribute	albañil	bricklayer
achaque (m.)	ailment	albergue (m.)	hostel
achispado	tipsy	alejado	distant
achulapado	uncouth, cocky	alféizar (m.)	sill
acodado en	leaning on	alfombrar	to carpet
acogerse a	to have recourse to	aligerar	to lighten
acomplejârse	to get a complex	aliviar	to relieve
acondicionar	to arrange	alivio	relief
acortar	to shorten	allegado	close
acoso	harassment	alquitrán (m.)	tar
actas	records	alternar con	to go around with
acto delictivo	criminal act	altivez (f.)	haughtiness
acuciar	to press	altivo	arrogant
acudir	to go to	alumnado	student body
acuñar	to coin	amargado	embittered
adecuado	suitable	ambiente (m.)	environment
adecuar	to adapt	ámbito	field, area
adelgazar	to slim	amenaza	threat
adiestrarse	to train	amilanado	intimidated
adiposo	fat	amortiguar	to deaden
adivino	fortune-teller	ampliar	to extend
advertir	to warn	analfabeto	illiterate
advocación	dedication	andar por los 25 años	to be (aged) about 25
afán (m.)	desire	anegar	to drown
afanarse en	to strive to	anhelar	to long (for)
afectividad	emotion, sensitivity	anímicamente	mentally
afición	interest, hobby, liking	anímico	mental
aflojar	to slacken, ease	ánimo	intention
aforo	capacity	ansiolítico	sedative

antaño	long ago	ayuntamiento	yoking together
antecedentes	(criminal) record	azucarado	sweet
apaciguado	pacified		
apagar	to switch off	bacalao	cod
apañárselas	to fend for oneself	baja	fall, loss
apearse	to alight	balde (m.)	bucket
apiñarse	to pack tight	barbudo	bearded man
aplastar	to flatten	barrendero	sweeper
aplomo	self-assurance, nerve	base (f.) de datos	data-base
apodo	nick-name	basural (m.)	rubbish dump
aporte (m.)	contribution	batir la marca	to break the record
apoyado por	supported by	bautizo	baptism
apoyo	support	beca	grant
aprendizaje (m.)	learning; apprenticeship	bendecir	to bless
apuntar	to note down	beneficencia	public welfare
apuntes (m.)	notes	beodo	drunk
apuro	distress	berrear	to bawl out
archivo	file	besugo	bream
argot (m.)	slang	bidón (m.)	can
arrancar	to start	bien trajeado	well dressed
arrastrar	to pull, drag	bifurcar	to fork, do two things at once
arrinconar	to corner	bizquear	to squint
arrojar	to throw; produce	blandido	brandished
articulación	joint	bocacalle (f.)	entrance to street
asedio	seige	bocado	"bite"
asentamiento	shanty town	bochorno	stifling atmosphere
asentarse en	to settle to	bombilla	(light) bulb
asesino	killer	bombona	canister
asesoramiento	advice	borrar	to rub out, set aside
asestar	to strike (blow)	bosquejo	outline
asilo	home, institution	brega	struggle
asimismo	likewise	bronceador	suntan lotion
asistencial (adj.)	welfare	bronquios	bronchial tubes
asistente social	social worker	brotar	to appear, spring up
asomar	to appear	bruja	witch
asombro	amazement	brujería	witchcraft
asomo	appearance	bruñir	to polish
atarse	to be tied down	bucear	to explore
atasco	traffic-jam	bujarrón	homosexual
atenuar	to lessen	buscón	crook
aterrizar	to land, end up		
atestado	packed	caballo	(col.) heroin
atiborrarse	to stuff oneself with	caber	to fit into
atinadamente	sensibly	cabizbajo	dejected
atragantarse	to choke	cacharros	crockery
atreverse a	to dare	cachear	to frisk
augurio	omen	cadera	hip
autóctono	native	caducar	to run out, expire
autónomamente	independently	caduco	worn out
autonomía	independence	caer en la trampa	to fall into the trap
avalado	supported	café cortado	coffee with a dash of milk
avaro	mean	cajetilla	packet (of cigarettes)
avena	oats	calado	depth
avenirse	to agree	calar hondo	to go deeply
avergonzarse	to be ashamed	calificar de	to label
avivar	to stimulate	calvario	series of disasters
ayuno	fasting		

camelar	to obtain (by unconventional means)	cobrizo	coppery
caña	glass of beer	cociente (m.) de inteligencia	IQ
canerías	pipes	codiciado	sought after
canjeo	exchange	cojear	to limp
caño negro	gutter	colar	to slip in
canon (m.)	rule	colchón (m.)	mattress
cansino	weary	cole(gio)	school
cantera	junior team	colectivo	group
canturrear	to hum	colegio mayor	university residence
capricho	whim	colmo	height
carcomer	to eat into	comilona	blow out
carencia	deficiency	como es debido	properly
cargado	weighed down	comparsa	group
carmín (m.)	rouge	compartido	shared
carpeta	file	compás (m.)	rhythm
carrera	degree course; run	compinche	companion, pal
carterista	pickpocket	comprobar	to verify
cartonero	cardboard collector	comprometerse	to engage in
casa de cebamiento	"feeding house"	con lujo de detalles	in the greatest detail
cascabel (m.)	(little) bell	con motivo de	because of
casero	homespun	con pinta de	looking like
castigado	afflicted	concentración	gathering, rally
cautela	caution	concertado	state-assisted
cefalea	severe headache	concienciar	to make aware
celos (pl.)	jealousy	concierto	harmony
cenicero	ash-tray	conductista	behaviourist
cenizas	ashes	confiado	trusting
centro docente	teaching institution	configurar	to shape
cepillarse los dientes	to brush one's teeth	conforme	in accordance with
cepillo de dientes	toothbrush	congelación	freezing
cerebro	brain	conjunto	joint
cernerse	to hang over	conjurar	to ward off
chabola	shack	conllevar	to carry, bring (with it)
chancla	old shoe	consejería	council
charla	chat	consigna	slogan
chatarra	scrap iron	constar de	to consist of
che	hi!	constatar	to note
chequeo	check-up	consultorio	doctor's surgery
chispa	spark	contarse	to be included
cholito	half-breed	contractura	(muscular) contraction
chufla	derision, joke	contraproducente	counterproductive
chuleta	crib	contundente	solid
chupada	puff	conveniente	useful, desirable
chupete (m.)	dummy	convenir	to be desirable, fitting
ciberchuleta	"cybercrib"	convivencia	living together
cicatriz (f.)	scar	convocar	to summon
Ciencias Empresariales	Business Studies	copichuela	social drink
		copieteo	copying
cifra	figure	corroer	to eat away
cimientos	foundations	costear	to afford
cincuentón	fifty year old	crecimiento	growth
cíngaro	gipsy	creyente	believer
cirujano	surgeon	crianza	upbringing
ciudadano	citizen	crío	kid
coartada	alibi	crudo	raw
cobijo	shelter	crujir	to creak

cuentakilómetros	speedometer	desenfado	freedom, confidence
cuero	(coll.) wallet	desfilar	to parade
cuesta	slope	desgana	unwillingness
cuidador	carer	desgañitarse	to scream oneself hoarse
cumplidos los ochenta	having reached 80 years	desgastar	to wear down
cumplimiento	fulfilment	desgranar	to let out
cuna	cradle	desgreñado	dishevelled
cundir	to spread	deshacerse	to get rid of/away from
curandero	quack	desligado de	separate from
curro	(coll.) work	deslizarse	to slip (along)
cursar	to take (course of study)	desmentir	to refute
curso	year (of course)	despegarse	to become detached from
cutáneo (adj.)	skin	despellejado	completely worn
		despiadado	merciless
		despido	dismissal
dar a luz	to give birth	desplumar	(coll.) to fleece
dar fe	to bear witness	despreciar	to scorn
dar palmas	to clap hands	desprejuiciado	without prejudices
dar por bueno	to consider to be good	desprenderse	to be drawn from; to become detached
dar señal de	to show signs of		
dar vueltas a	to think over	desprevenido	unprepared
darse el sofocón	to overdo it	desquitarse	to make up for
dárselas de bueno	to pretend to be good	destacar	to stand out
de ahí que	with the result that	destartalado	rickety
de cara a	with a view to	destornillador (m.)	screwdriver
de hecho	in fact	desvanecido	faint
de la noche a la mañana	overnight	desviar	to divert
de mediano pasar	of average means	detenerse	to stop
de paso	at the same time; in passing	determinado	set, certain
decano	dean	deudo	relative
decantarse por	to show preference for	devolver	to give back
decreto	decree	día a día	daily routine
dejar tirado	to be left in the lurch	dietas	expense allowances
delatar	to betray	diligencia	stagecoach
deletrear	to spell	discreto	middling
delgadez (f.)	slimness	discurrir	to reason, analyse
denegar	to refuse	disfraz (m.)	disguise, mask
denunciar	to report	disfrazado	disguised
depósito	dump	disfrazarse	to disguise oneself
deprimirse	to get depressed	disgustar	to displease
Derecho	Law	disimulo	craftiness
desaconsejable	inadvisable	disparar	to throw out
desaconsejado	ill-advised	dispararse	to increase excessively
desafío	challenge	dispendio	waste
desamparo	abandonment	disponer de	to have, own
desánimo	depression	disponerse a	to get ready to
desapercibido	unnoticed	distar de	to be far from
desarraigado	rootless	diurno	daily
desasosiego	anxiety	doblar	to dub
descarado	shameless	docente	teaching, educational
descargar	to relieve	documental	documentary
descaro	cheek	dolencia	ailment
descartar	to rule out	donante	donor
descenso	drop	dotar de	to endow with
descuento de puntos	reduction of marks		
desempeño	performance	echador de la buenaventura	fortune-teller

echar fuego	to glare	es otro cantar	that's another story
echar la culpa a	to blame	escabullirse	to slip away
echar un vistazo	to glance	escalafón (m.)	table
echar una ojeada	to glance	escalinata	steps
echarse encima	to turn against one	escalofriante	chilling
embarazada	pregnant (woman)	escarbar	to delve into
embarcación	craft	escasear	to be scarce
embaucar	to fool	escondrijo	hiding-place
embeleso	delight	esforzarse en	to strive to
embrutecido	brutalised	eslabón (m.)	link
embutido	sausage	espabilado	alert, lively
empapar	to soak	espetar	to rap out
empedernido	hardened	estallar	to explode
empeñarse en	to insist on	estera	matting
empeorar	to worsen	estilete (m.)	stiletto
emprender	to undertake	estiramiento	stretching
Empresariales	Management Studies	estragado	ruined
en aras de	on the altar of	estrechez (f.)	lack of room
en ayunas	fasting	estrenado	worn/done for the first time
en capilla	in suspense	estruendo	din
en definitiva	finally	etapa	stage
en el acto	instantaneously	evaluación	assessment
en función de	in terms of	evaluar	to assess
en pañales	a long way behind	exigencia	need
en regla	in order	exigente	demanding
encaminado a	directed to	expediente (m.)	file
enchufe (m.)	contacts, influence	expedir	to issue
encía	gum	explanada	levelled area
encorbatado	wearing a tie	extirpar	to remove (surgically)
endurecer	to harden	extravío	gone missing
enésimo	umpteenth		
enfermiza	sickly	fabricante	manufacturer
enfocar	to approach	facultades (f.) del alma	mental powers
enfrentarse a	to confront		
enfundado	sheathed	faena	(bullfighter's) performance
engañar	to deceive	fajo	wad
enganchado	"hooked"	fallar	to fail
engancharse	to get hooked	fallecer	to decease
engendrar	to beget	¡faltaría más!	that's the last straw!
engordar	to get fat	faltriquera	pocket
enlatar	to can	fanfarrón	boastful
enlazar	to tie together	fango	mud
enseñante	teacher	fatídico	fateful
ensombrecer	to darken	felicitaciones	congratulations
ensuciar	to dirty	ficha	file
entorno	environment	fijarse en	to stare at
entramado	network	flujo	stream
entrañas	insides	foco	floodlight
entrega de notas	school report	fontanero	plumber
entregar	to hand over	footing	jogging
entrevistarse con	to interview	fracaso escolar	failure at school
entubado	covered with tubes	fraguar	to forge
entumecido	swollen	fregado	mess
enturbiar	to confuse, to disturb	frenazo	sudden braking
envidia	envy	frenético	frantic
equilibrio	balance	freno	brake
equipo	outfit	fructífero	fruitful

fuera de sí	beside oneself	imparable	unstoppable
fuera del alcance de	beyond the reach of	imperante	prevailing
fundición	foundry	imprescindible	indispensable
		impuesto	tax
gabinete (m.)	office	inadvertido	unnoticed
gabinete de orientación	guidance service	inalámbrico	cordless
		incidir	to fall
gaditano	(from) Cadiz	incluso	even
galleta	biscuit	inconveniente (m.)	disadvantage
galo	French	incrementar	to increase
garbanzo negro	black sheep	indagar	to investigate
garboso	elegant	indígena (adj.)	native
gatear	to crawl	indigencia	poverty
género	sex	indigente	destitute
genio	disposition	inesperada	unexpected
gestante	pregnant woman	informe (m.)	report
grasiento	greasy	ingerir	to consume
gremio	company, guild	ingestión	swallowing
griterío	clamour	ingreso	entry
guardería	creche	ingresos	income
guasón	wag	insinuarse	to show up
guión (m.)	script	instalaciones	facilities
gusano	worm	instancia	agency
		instar a	to urge
haba	(broad) bean	integrarse	to enter, join
habilitar	to set up	interna	live-in domestic
hacer autoestop	to hitchhike	internado	boarding-school
hacer barbaridades	to do awful things	intervención	contribution
hacer caso de	to take notice of	intrascendente	insignificant
hacer frente a	to face up to	inversión	investment
hacer hincapié en	to insist on	involucrar	to involve
hacer mella en	to make an impression on	ir a la quiebra	to go bankrupt
hacer papilla	to smash to pieces	ir tirando	to manage
hacer trampa	to cheat		
hacerse con	to get hold of	jaula	cage
hacerse humo	to go up in smoke	jerarca	boss, chief
hacerse ilusiones	to deceive oneself	jolgorio	fun
hacienda	finance	jubilación	retirement
hampa	criminal underworld	juerga	binge
he aquí	here is/are	juzgado	court
hecho un lío	in a muddle		
heredero	heir	lacra	blemish, sore
herida	wound	laguna	gap
heroinómano	heroin addict	lanzar una campaña	to launch a campaign
hilera	string, row, line	lectura	reading
hilo	thread	lesión	injury
hincar los codos	to work hard	licenciadio/a	graduate
historial (m.)	record, dossier	licenciatura	degree
holgazán	idler	ligar	to pick up (girl etc.)
hongo	fungus	limosna	alms
horario lectivo	school timetable	llamado	so-called
hueco	space, hole	llevadero	bearable
huelga	strike	llevar a cabo	to carry out
huída	escape	local (m.)	premises
		logro	achievement
ilusión	excitement	longevo	long-lived
imán (m.)	magnet	loto	lotus

madeja	mass	novato	beginner
madera de líder	leadership quality	novedoso	novel
madrugar	to get up early	nutrirse	to feed
mago	magician	ocultar	to hide
magrebí	person from the Maghrib	odontólogo	dentist
mal de ojo	evil eye	oferta	supply
mal planteado	ill-considered	ojeada	glance
mal trago	hard time	oleaje (m.)	swell
mal trance	bad moment	ordenanza	ordinance
malabarista	juggler	orgullo	pride
maldecir	to curse	otorgar	to grant
maleante	malefactor; vagrant	óvulo	ovum
mancha	spot, mark		
manchar	to stain	padecer	to suffer
manco	one-handed	pagar de sobra	to pay excessively for
manejos turbios	shady deals	paliar	to alleviate
mantenerse a raya	to keep out of trouble	pandilla	group. gang
máquina recreativa	games machine	paño	cloth
maquinilla de afeitar	safety razor	papelina	paper containing drug
maraña	tangle	para colmo	to cap it all
marca	make	parir	to give birth
martes grande	Shrove Tuesday	parroquiano	customer
mas	but	partida	item; amount
mascullar	to mumble	partidario	supporter
masificación	overcrowding	parto	childbirth
matadero	slaughterhouse	parvulario	nursery school
mayoritariamente	for the most part	pasar a mayores	to become more serious
media	average	pasar factura	to send the bill
media caña	half-leg	pasar por alto	to overlook
media vuelta	half-turn	pasar revista	to review
mediar	to intervene	paseíllo	inaugural procession of
medir	to measure		bullfighters
mellizos	twins	pasta	(coll.) money
menesteroso	needy person	pata de gallo	crow's-feet
mercadeo	marketing	patrón	pattern
mercader (m.)	merchant	pavo	turkey
mercadillo	street market	pedigüeño	beggar
merecer la pena	to be worthwhile	pegamento	glue
meta	objective	pegar ojo	to get to sleep
mimo	mime; affection	pegarse el atracón	to overdo it
minusvalía	handicap	pendiente de	dependent on
misericordia	compassion	peregrinaje (m.)	pilgrimage
mito	myth	perentorio	urgent
modalidad	type	pereza	laziness
moldear	to shape	perfil (m.)	profile
monje	monk	periferia	outskirts
mono	overalls	perjudicar	to harm
muleta	crutch	perjuicio	damage
muñón (m.)	stump	pernoctar	to stay the night
mutis (m.)	exit (from stage)	pertinente	relevant
		pese a que	despite the fact that
naufragar	to be (ship)wrecked	peso	weight
nebulosa	nebula	picardía	craftiness
nefasto	harmful	pillar	(coll) to catch, seize
niqui (m.)	T-shirt	pincho	pork kebab (*tapa*)
nocivo	harmful	pinza	pincers
nota de corte	cut-off mark	pisar	to tread

pista	running track	promedio	average
pitido	whistle	propenso a	inclined to
pitillo	cigarette	propina	tip
planificación	planning	proporcionar un	to give respite
plano	shot (film)	respiro	
plantamiento	thinking; approach	proscrito	banned
plantear	to pose (a problem)	pudiente	wealthy
plantear una querella	to bring a case	puestos a	if we have to...
plantearse	to think about	pulcro	neat
plasmación	form	puro	cigar
plateado	silvery		
pleito	lawsuit	quebrado	broken
poco transitado	unfrequented, out-of the way	quebrar	to break, weaken
poleo	peppermint drink	quedarse corto	to underestimate
póliza	certificate	quedarse de piedra	to be rooted to the spot
polizón	stowaway	queja	complaint
pómulo	cheekbone	químico	chemical
ponencia	report	quirófano	operating theatre
poner reparo	to object to	quitar de encima	to get rid of
ponerse a régimen	to go on a diet	quitar hierro a	to play down the importance
por lo visto	apparently		of
por su cuenta	on one's own account		
por término medio	on average	rapto	abduction; sudden impulse
pordiosero	beggar	rasgo	characteristic
porquería	filth	rasguear	to strum
porro	"joint"	rastro	trace
portavoz (m./f.)	spokesperson	ratero	pickpocket
potable	drinkable	razonar	to argue
pozo	well, pit	reacio	reluctant
pragmática	decree	realizar	to carry out
precoz	early	rebaja	lowering
preescritura	pre-writing	rebasar	to exceed
pregonar	to proclaim	rebosante	overflowing
prenda	article of clothing	rebote (m.)	rebound
prepotente	powerful	recelo	suspicion, fear
presa	victim	receta	prescription
prescindir de	to do without	rechazar	to reject
presentar una	to make an offical complaint	rechazo	rejection
denuncia		recinto	place
presentir	to have a premonition	recoger	to collect
préstamo	loan	recorte (m.)	cutback
presumir	to show off	recostado	lying down
presupuesto	budget	recovera	poultry dealer
prevenir	to warn	recurrir a	to have recourse to
prever	to anticipate	regar	to water
previsible	anticipated	regocijarse	to rejoice
privar	to deprive	rehuir	to avoid, shrink from
probar bocado	to have a bite to eat	reincidir	to repeat (offence)
probar suerte	to try one's luck	reírse a carcajadas	to roar with laughter
problemas de (m.)	initial problems	reivindicar	to claim
rodaje		reivindicativo	assertive of rights
procesal	procedural	reivindicación	claim
proclive a	inclined to	relamerse	to lick one's lips
progenitor	parent	relevante	outstanding
progre	progessive, in favour of	rematar	to finish off
	change	remolacha	beet
prójimo	fellow man, neighbour	remolino	whirlwind

rendimiento	performance	sensiblemente	appreciably
rendirse	to give up	sentido	deeply felt
renta	income	sien (f.)	temple
rentabilidad	profitability	sin dar ni chapa	"without tears"
reo	criminal	sin piedad	mercilessly
repaso	revision	sin tacha	flawless
repercutir en	to have an effect on	sintonización	tuning in
repleto de	full of	sobrecarga	overload
resaca	hangover	sobreproteger	to overprotect
rescatar	to recover	sobresaliente	outstanding
resistencia	endurance, stamina	socorrido	useful
resta	subtraction	sofoco	suffocation
restar importancia	to give little importance	soleadamente	sunnily
restos	remains	solicitante	applicant
retentiva	capacity for remembering	sollozo	sob
retinto	very dark	sonda	probe
reunir	to combine	sorna	sarcasm
revés	setback	sortear	to avoid
revolotear	to flutter, fly about	sorteo	drawing lots
rezagado	backward, lagging behind	subestimar	to under-estimate
riada	flood	sueldo	salary
riego	circulation	suelto	loose change
riñón (m.)	kidney	suerte (f.)	fate
ristra	string	sufragar	to aid
rito	rite	sumar	to add up
rodar	to shoot, film	sumarse	to join in
rodear	to surround	superado	left behind
rondar	to be about	superar	to exceed, overcome
ropa vaquera	denim clothing	superdotado	extremely gifted
rosario	series	supervivencia	survival
rotundamente	emphatically	suplir	to replace
rumbo a	in the direction of	suponer	to entail
		suspender	to fail (examinations)
sábana	sheet	suspenso	failure
saber de sobra	to know only too well	sustentación	sustenance
sabiduría	wisdom	sustraerse	to avoid
sabor	taste	susurrar	to whisper
sacar a la luz	to bring to light		
sacar partido de	to benefit from	taca-taca	zimmer frame
sacar una nota	to obtain a mark	tacto	touch
sacudir	to shake	tajante	emphatic
salida	outlet	talla	size
salida laboral	work opening	talud (m.)	bank
saludable	healthy	tantear	to test, probe
sanguíneo	of the blood	tapadera	cover, front
sapiencia	wisdom	tapar	to cover up
secador (m.)	hair-drier	tarareo	tuneful sound
secuela	consequence	tardío	late, belated
secundar	to support	tarima	platform
seda dental	dental floss	tasa	tax, price
sede (f.)	headquarters	teclado	keyboard
seguido	continuous	tejanos	jeans
segundona	second choice	temario	programme (to be studied)
selva	jungle	tenderete (m.)	market stall
sembrar	to sow	tener en cuenta	to take into account
seno	bosom; heart	tener un disgusto	to have an upset
señora mayor	elderly lady	tentador	tempting

tinglado	set up
tirado	sprawled out
tirar a	to tend to(wards)
titular	(stall-)holder
título	degree, certificate
tocar fondo	to touch bottom
tocar techo	to reach (its) ceiling
toma	dose
tomar medidas	to take steps
toparse	to come across
toque (m.)	touch
torbellino	whirlwind
tos (f.)	cough
toser	to cough
tragarse	to swallow
traicionero	treacherous
trámite (m.)	stage, step
transcurrir	to pass
transeúnte	passer-by
trapichear	to deal with
trasiego	handling
trasfondo	background
trastorno	disorder,upset
tratamiento de textos	word-processing
trecho	distance
trenzado	plaited
trifulca	quarrel
trimestralmente	on a termly basis
triturar	to crush
tropelía	outrage
truco	technique, trick
truhán	rogue
tullido	cripple
tunante	crook
turbamulta	rabble
tutelar	to protect, look after

tutoría	tutorial
ultra	extreme (right)
umbral (m.)	threshold
un montón de	heaps of
vacante (f.)	vacancy
vacío	emptiness
vacuna	vaccination
vago	idler
varón	male
vástagos	offspring
vaticinar	to predict
vecindario	neighbourhood
venda	bandage
veneno	poison
venta ambulante	street vending
verdugo	hangman
vergüenza	sense of shame
verja	railings
vertedero	rubbish dump
vigilia	wakefulness
villancico	Christmas carol
víspera	evening before
vistazo	glance
vocear	to shout out
volador	flying
volcar	to overturn
volcarse	to throw oneself into
yema del dedo	fingertip
yonqui	drug addict
¿y qué?	so what?
zumbar	to buzz
zurrar	(coll.) to lay into, tan